Klaus Brill

Die Baronessa, die Eisfrau und der rote Premier

Italienische Bekenntnisse

Wolfgang [illegible]

24.8.2001

Büdingen

Klaus Brill

Die Baronessa, die Eisfrau und der rote Premier
Italienische Bekenntnisse

Picus Lesereisen

Picus Verlag Wien

Für Irmgard und Erich

2. Auflage 2000

Grafische Gestaltung: Dorothea Löcker, Wien
Umschlagabbildung: Vicenza, Piazza Palladio,
mit freundlicher Genehmigung der Fototeca E.N.I.T., Rom
Druck und Verarbeitung: Remaprint, Wien
ISBN 3-85452-717-9

Inhalt

Ein Vorwort oder: Ciao, bella!

Italien ist ein wunderbares Land. Wer es betritt, von Norden kommend, und seine Herrlichkeiten kennenlernen will, der braucht nur eine seiner alten Städte anzusteuern. Kann sein, man landet in Vicenza auf der Piazza dei Signori, und es ist ein lauer Juniabend. Das Ristorante Garibaldi, bei den Bogengalerien der vierhundertjährigen Markthalle gelegen, offeriert *Penne all'ortolana* und Stockfisch, beim Aperitiv fällt der Blick auf stuckverzierte Arkaden an der einstigen Residenz des venezianischen Statthalters, auf die Fresken des alten Pfandhauses, auf die barocke Kirchenfassade von San Vicenzo. Man sitzt, kaum angekommen, schon in lauter Schönheit – *ciao bella, ciao Italia!*

Der Platz ist belebt von Spaziergängern, Gemeindearbeiter stellen klappbare Tuchsessel auf, und irgendwann ertönt aus fernen Gassen, rasch näherkommend, ein Schmettern, das die Luft mit unbändiger Lebensfreude lädt. Im Laufschritt nimmt der örtliche Fanfarenzug der Bersaglieri die Piazza ein, wild wippen die dunklen Federbüsche an den schräg aufs Ohr gesetzten Hüten, dem untrüglichen Kennzeichen der Elite-Infanteristen. Ein Platzkonzert findet unter den Arkaden statt, der Bürgermeister spricht. Vor jedem neuen Regimentsmarsch schreit der Dirigent ein gellendes »Habtacht!« heraus; das Blasgerät am Mund, gibt er den Takt vor, und trotzdem spielen die Fanfaren viel zu schnell, die Tuben lahmen hinterher, steifrot hängen die Standarten von den Instrumenten herab. Scheinwerfer heben jetzt die umstehenden Paläste aus dem Dunkel hervor, und im Nu ist der

Platz zur hinreißenden Kulisse einer alltäglichen Realoper geworden, die Italienischer Sonntagabend heißt.

Junge Eltern und alte Ehen ergehen sich, Kinder hüpfen im Takt der Musik, Liebende umfangen einander, fixe Jungs führen Handys aus und (»Ciao, bella!«) flirten Mädchen an. Am Ende treten die Bersaglieri, hurtig wie der Wind, im Laufschritt wieder ab. Und immer tanzt bei einem solchen Auftritt einer aus der Reihe, einem ist der Federbusch verrutscht, einer schaut in die verkehrte Richtung. Soviel Anarchie muß sein.

Was Italien ist, kann man in solchen Städten schon erspüren, wenn man als Fremder ein paar Tage am Straßenleben teilhat. Man holt sich in Piacenza früh die Zeitung am Kiosk und sieht vor der Kaffeebar den Kellner stehen, mit seidener Fliege auf blütenblauem Hemd. Man läuft in Lucca oder Mantua durch alte Ladengassen und bemerkt: Reklame, sofern gezügelt, muß das Gesicht einer Stadt nicht entstellen. Man wird in Venedig geneppt und in Florenz von einer aggressiven Bettlerin bedrängt, die ihre Brust entblößt und in die Handtasche langt. Man schaut in der Toskana auf Zypressenhügel und unerreichte Renaissancegemälde; in Rom steht man sich vor Bushaltestellen und Bankschaltern die Beine in den Bauch. Man erhält in Neapel den Tip, die Armbanduhr in die Tasche zu stecken und (»Ciao, bella!«) auf der Straße nur falschen Schmuck zu tragen; und in Palermo genießt man es, noch nachts um zwei Uhr eine renovierte Kirchenruine besichtigen zu können.

Einmal sollte man unbedingt auch in die Große Oper gehen und etwa im Teatro di San Carlo in Neapel miterleben, wie nackte Frauenarme lachsfarbene Rosen aus der Proszeniumsloge auf die Bühne werfen. Einmal im Stadion dabei sein, wenn sich die Fußballfans mit Schlachtenliedern hänseln und die Feuerwehr die Leuchtkugeln vom Rasen sammelt. Der Rest versteht sich von selbst: an Kulturdenkmälern, guten Gaststätten und Freundlichkeiten ist kaum ein anderes Land der Welt so reich wie Italien.

Es verbirgt seine Schönheiten so wenig wie seine Schrecknisse, und natürlich ist es eine Lust, aus einem solchen Land als Auslandskorrespondent zu berichten, dort zu leben, Jahr um Jahr tiefer ins Innere vorzudringen. Das Land ist hell, die Leute sind lebhaft, höflich, hilfsbereit und offen. Sie reden gerne und über alles, was soll ein Journalist sich andres wünschen? Italien ist bunt, bizarr und bodenlos, ist laut und lustig, liebenswürdig und durchtrieben, großzügig und gefährlich, sonnenklar und undurchschaubar, amüsant und anstrengend zugleich, nur eines ist es (»Ciao, bella!«) nie: langweilig.

Ich lernte, als ich Ende 1992 nach Rom kam, einen Hotelportier kennen. Er lebte in einem Dorf, kam täglich mit dem Zug zur Arbeit, und in der Nachtschicht erzählte er mitunter vom gewöhnlichen Leben in jener Zeit, die eine Zeit großer Korruptionsskandale war. »Die einzigen Gesetze, die in Italien etwas bewirken, sind die Gesetze der Freundschaft«, sagte er grinsend. »Nichts geschieht, ohne daß irgendjemand einer Sache einen Schubs gibt.«

Der Mann hatte mit Freunden auf dem Land ohne Genehmigung ein Haus gebaut, und als die Behörden dagegen einschritten, rissen die Freunde den Bau nicht etwa ab. Vielmehr ließen sie zehn Jahre lang alle denkbaren Kontakte spielen, bis sie jemanden fanden, der einen kannte, der einen kannte, der einen kannte, der einen Freund im Finanzministerium hatte, der am Ende eine Vorschrift ersann, wonach der Schwarzbau kein Schwarzbau mehr war. Natürlich spielten auch Parteibeziehungen hinein, in jener Zeit vor allem die zur *Democrazia Cristiana*. Keine Tankstellenlizenz, keine Baugenehmigung, kein kommunaler Arbeitsplatz und keine Rente wurde vergeben, ohne daß der DC-Chef im Dorf daran mitwirkte. So bekam er bei Wahlen die Stimmen für seine Partei zusammen.

Ich mochte derlei Erzählungen anfangs nicht recht glauben, später fand ich sie vielfach bestätigt. Italiener leben in einem komplexen Gewebe persönlicher Beziehungen, deren Kern (»Ciao, bella!«) die Familie und die Freunde, die *amici*, sind. Man hilft sich mit Empfehlungen, man kommt vorwärts mit Begünstigungen, Befähigung alleine führt nicht weit. »Dies ist nicht das Land des Rechtes, sondern des: wen kennst du?«, meint der bekannte Journalist Enzo Biagi. Er kolportiert auch einen alten Witz, der die Parteibuchwirtschaft bei der Fernsehanstalt RAI karikierte. »Es sind sechs Journalisten eingestellt worden: zwei Christdemokraten, zwei Sozialisten, ein Kommunist und ein tüchtiger.«

Den Staat sehen die Italiener als eine feindliche Besatzungsmacht an, die nur so tut, als ob sie die Interessen der Bürger im Auge habe. Also tun die Bürger auch nur so, als ob sie alle Steuern zahlten und die Gesetze achteten (ausgenommen Leute wie Franco, der in Neapel seinen Busfahrschein mit dem Kugelschreiber entwertet hat, weil der Entwertungsautomat kaputt war). »Italien zu regieren, ist nicht nur unmöglich, es ist auch unnütz«, hat Mussolini einmal gesagt.

Bis heute ist postfeudalistisches Gefolgschaftswesen innig eingeflochten in die demokratischen Strukturen, das Land ist zugleich archaisch und modern, in allem auseinanderklaffend zwischen Nord und Süd, wobei im Süden das Archaische, im Norden das Moderne überwiegt. Ferrari und Fellini machen Italiens Eigenart nicht weniger aus als die Madonnenstatuen, die angeblich Blutstropfen weinen. Zum Land gehören die findigen, berserkerhaft sich plagenden Kleinunternehmer des Veneto ebenso wie die Geschäftsfrau aus dem sizilianischen Niscemi, die von der Mafia bedroht wurde und sich am Küchenbalken erhängte. Zuvor waren ihr Mann und ihr Sohn erschossen worden, weil sie der Mafia den *pizzo*, das Schutzgeld, verweigerten.

Italien ist ein Land der aberwitzigsten Kontraste und der dramatischen Ereignisse, seine Zeitungen sind regelmäßig voll von Monstrositäten, die in einer Woche den gesamten Jahresbedarf eines Landes wie der Schweiz an Sensationen und Skandalen decken könnten. Sportler gehen ebenso wie Fernsehstars ins Netz der Steuerfahnder, es gibt illegale Pferderennen und illegale Totosysteme. Mal wird durch Satellitenfotos offenbar, daß Weizenbauern mit überhöhten Flächenangaben die EU um 360 Millionen DM Subventionen betrügen wollten, mal findet die Polizei einen Greis, auf dessen Namen 640 Autos angemeldet sind, die er nicht fährt.

Delinquenz scheint allgegenwärtig. Hier wird ein Carabinierigeneral geschnappt, der bei einer Entführung den Vermittler spielte und einen Teil des Lösegeldes selbst behielt; dort stößt man auf den Deich eines Stausees bei Gioia Tauro, dessen Baukosten in zwanzig Jahren von 15 auf 570 Millionen DM gestiegen sind. Heute stellt man fest, daß 31.000 Bürger, die Rente beziehen, gar nicht mehr am Leben sind; die Verwandten sahnen aber weiter ab. Und morgen kommt heraus, daß jede vierte Invalidenrente an eine Frau oder einen Mann gezahlt wird, die (»Ciao, bella!«) in Wahrheit gar nicht invalide sind.

Niemand regt sich über solche Mißstände mehr auf als die Italiener, niemand deckt sie gnadenloser auf als italienische Strafverfolger, niemand stellt die Laster der Nation so unerbittlich bloß wie die eigenen Autoren. Folgen hat dies in der Regel nicht. Die Politiker, die Konsequenzen ziehen müßten, sind öfters selbst in krumme Geschäfte verwickelt oder allzusehr beschäftigt mit Parteikabalen um die Macht. Gerade politische Skandale, aber auch ganz normale politische Entwicklungen nehmen oft derart abenteuerliche Wendungen, daß niemand den weitschweifig dargelegten Einzelheiten in den Medien ohne Schwindelgefühle folgen kann.

Die Bürger retten sich in Wurstigkeit: *Chi se ne frega?* Wen juckt's? Sie leben im Herzen ja nicht in einem Staat, schon gar nicht im eigenen, sondern im Kreise der Familie und Freunde. Empfänden sie es anders, dann wäre manches Ereignis der jüngsten Zeit nicht ohne nationale Krise abgegangen. Immerhin stand ein früherer Ministerpräsident (Andreotti) als Handlanger der Mafia und Auftraggeber eines Mordes vor Gericht, ein anderer (Craxi) flüchtete sich (»Ciao, bella!«) vor hohen Gefängnisstrafen wegen Korruption in sein Ferienhaus nach Tunesien, ein dritter (Berlusconi) war in mehreren Prozessen ebenfalls übelster Machenschaften angeklagt.

Der Bürger schimpft. Ein römischer Taxifahrer hat sich einmal während einer Fahrt breit ausgelassen über die Verbrecher an der Regierung, hat Korruption und Unehrlichkeit gegeißelt und seine

Landsleute von Herzen ausgeschimpft. Am Ende der Reise, um eine Quittung gebeten, fragte er: »Welche Summe und welches Datum soll ich draufschreiben?«

Italien ist für Journalisten ein Dorado, in dem die Sensationen, auch die kleinen, nie versiegen. Manche Dinge können sowieso nur hier passieren. Bei Mondovi im Piemont wollte sich im November 1998 ein liebeskranker Mann (»Ciao, bella!«) vor den Expreßzug nach Savona legen; der Zug aber kam nicht, denn glücklicherweise wurde die Eisenbahn an jenem Tag bestreikt; der Mann fiel den Carabinieri auf und wurde gerettet. In Umbrien mußte einmal wegen eines überraschend angesetzten Streiks ein Zug mitten auf dem Land in der Nähe eines Dorfes halten. Der Wirt des örtlichen Restaurants stellte Tische auf die Straße, die Passagiere stiegen aus und labten sich. Und als der Zug dann weiterfahren wollte, murrten sie.

Wer das Geschehen in Italien ein paar Jahre lang verfolgt, merkt bald, daß manche Absonderlichkeit wiederkehrt. Alle Jahre wieder kommen nicht nur der Karneval von Venedig und das Schlagerfestival von San Remo (übrigens außerhalb von Fußballweltmeisterschaften die meistgesehene Fernsehsendung Italiens), sondern auch die Banditen der *Anonima Sarda*, die einen Unternehmer oder eine Unternehmerin verschleppen, sie monatelang in Erdlöchern festhalten und nur gegen hohe Lösegelder freilassen.

Jedes Jahr im Sommer, wenn das Volk (»Ciao, bella!«) am Meer liegt und in Siena der Palio, das Pferderennen auf der großen Piazza, stattfindet, brennen auch die Wälder, und zwar nicht von alleine. Folgenschwere Arbeitsunfälle haben ihren festen Platz im Jahreslauf ebenso wie die Versteigerung der weißen Trüffel im Piemont oder die Verflüssigung des Blutes von San Gennaro in einer Reliquie in Neapel, die blutigen Kriege zwischen Mafiaclans und Familiendramen aller Art, die in Morden enden und in Mediengeplärr. Mindestens einmal jährlich darf man auch eine größere Regierungskrise erwarten sowie eine Überschwemmung, einen Erdrutsch oder ein echtes Beben.

Italien ist ein unruhiges Land. Sechzig Prozent seiner 57 Millionen Einwohner leben in gefährdeten Gebieten, wo Naturkatastrophen regelmäßig vorkommen. Für vierzig Prozent ist ein Erdbeben reale Bedrohung, vom Friaul über den Apenninen-Kamm hinweg bis nach Catania und Messina verläuft die Risiko-Zone, und es rumort in Vulkanen. Auch dies prägt den Charakter der Nation. Italiener leben in der Sonne und am Meer, aber auch näher an den Rändern der Existenz als ihre Nachbarn im Norden.

Vielleicht ist dies ein Grund, warum sie in Gefahr und Not auch enger zusammenstehen und warum jede große Katastrophe eine noch viel größere Hilfsbereitschaft auslöst. Millionen Menschen sind in sozialen Initiativen tätig, arbeiten unentgeltlich in Krankenhäusern, helfen Alten und Behinderten, säubern Strände von Unrat und schützen ärchäologische Fundstätten vor Dieben. Keinem Leidenden wird Mitleid versagt, und niemand ist gnadenlos außer der Mafia. Das Land hat eine starke humane Dimension.

Mag der Sinn fürs Gemeinwesen auch verkümmert sein, als einzelne Person wird jeder wahrgenommen und respektiert. Kein Bettler, der um Kleingeld bittet, würde in Rom so leer ausgehen, wie ihm das in München oder Wien passieren kann. Kein Schnorrer, der (»Ciao, bella!«) um eine Zigarette bittet, würde angeblafft: »Kauf dir doch selber eine.« Kein Autofahrer würde, kommt man ihm zu nahe, aggressive Handzeichen machen.

Italiener sind sensibel, flexibel, erfindungsreich und unübertreffbar improvisationstüchtig, wenn nach tausend Versäumnissen der vorhersehbare Notfall eintritt. »Die Italiener sind ein außerordentliches Volk«, hat der Karikaturist Altan einmal eine Signora sagen lassen, »wenn sie nur ein kleines bißchen normaler wären …«

Italien ist ein wunderbares Land. Eine Journalistenkollegin (»Ciao, bella!«) wollte einmal in Brindisi an einem Patrouillenflug der *Guardia di Finanza,* einer Zoll- und Steuerfahndertruppe, über dem Adriatischen Meer teilnehmen, um Flüchtlingsschiffe aus Albanien zu beobachten. Der Pilot war einverstanden, verwies aber an die höheren Dienststellen. Der zuständige Offizier sagte: gerne, aber das Zentralkommando in Rom muß zustimmen. Das Zentralkommando willigte ein, bat aber um Kontaktnahme mit dem befehlshabenden Colonnello in Taranto. Der Colonnello in Taranto sagte: gerne, aber heute nicht, der Pilot kann nicht. Tut mir leid.

Worauf die Kollegin abermals den Piloten fragte, und der entgegnete: kein Problem. Wiederum Telefonate, wiederum Verweise, wiederum der Colonnello in Taranto, der nach heftigem Flehen schließlich sagte: nun gut, der Pilot soll mich direkt auf dem Handy anrufen. Und dann war alles ganz einfach. Der Pilot flog bis an die albanische Küste und zeigte all sein Können. Die Kollegin sah ein großes Flüchtlingsboot und mehrere kleine Schmuggelschiffe, und bei der Rückkehr in Brindisi landete gerade ein Hubschrauber aus Taranto. Heraus stieg der Colonnello, ein fescher, graumelierter Herr, der lässig-dekorativ eine Pfeife in der Hand hielt und der geschätzten Signora mit größtem Vergnügen für ein paar Fragen zur Verfügung stand. *Ciao bella, ciao Italia!*

Vorhang auf zum Siebten Himmel

Eine Woche im Tempel des Belcanto: das Teatro alla Scala in Mailand

Jedes Jahr am 7. Dezember teilt sich in Mailand die Menschheit in diejenigen, die dabei sind, wenn Maestro Muti die magischen drei Sekunden erzeugt, und den Rest der Welt. Germano Stracca, der Vorhangzieher, ist dabei, gekleidet in eine schwarze Pagenuniform mit aufgesetzten Spiegelknöpfen, die höfisch gelockte Perücke aufgezurrt, die weißen Handschuhe übergestreift. Dem Publikum verborgen, steht er hinter den steifen Falten des Bühnenvorhangs, den er zusammen mit seinem Kollegen Giuseppe Serafino so öffnet, daß die Sänger wie durch einen schmalen Korridor hinaus in den gleißenden Applaus eilen können. Ein bißchen ist es auch sein Applaus, meint Germano Stracca, »ich empfinde es so, daß auch ich in gewissem Sinn ein Teil der Vorstellung bin«. Drei Schritte nur trennen ihn von den Brettern, die Glanz und Ruhm bedeuten und die aus diesem bräunlichen, ältlichen Bau in der nüchternen Mitte Mailands noch immer einen Tempel der Träume und der Sehnsucht machen.

Eine Fabrikation schöner Empfindungen ist hier angesiedelt, und alle wollen sie daran teilhaben am 7. Dezember; Enzo Rossari etwa und seine Freunde, die sich droben an den Stehplätzen, beim zwölften und dem dreizehnten Pfosten, treffen, um sich die Köpfe heiß zu reden über das Gehörte, wenn der Beifall abklingt. Und selbst die Pseudo-Snobs, die für 1,5 Millionen Lire in der Loge sitzen und über perlenden Gläsern im Foyer behaupten, sie erfüllten an diesem Abend nur eine geschäftszuträgliche Anwesenheitspflicht, wären unzweifelhaft gekränkt, schlösse man sie einmal aus. Am 7. Dezember, dem Fest des heiligen Ambrosius, wird im Teatro alla Scala in Mailand festlich die Saison eröffnet, und das Land schaut dabei ergriffen zu.

Riten haben ihr Gewicht im Leben der Völker, und sie verraten viel. Zu den Eigenarten Italiens gehört, daß eine Opernpremiere alljährlich zum Nationalereignis wird, daß gesellschaftlicher Geltungsdrang sich nicht irgendwo zur Schau stellt, sondern an erlauchter Stätte hoher Kunst. Reiche kommen und Schöne, Mächtige und Wichtigtuer – und Enthusiasten. Zeitungen servieren Sonderbeilagen, TV-Reporter berichten live im Smoking in die Abendschau, und als Luciano Pavarotti 1992 den hohen Ton verfehlte, war dieser Patzer so viel Sensation, daß er auch in den Jahresrückschauen noch verzeichnet wurde, eingereiht neben Mafia-Attentate, Regierungswechsel, Korruptionsaffären.

Einmal muß man also in der Scala gewesen sein. Einmal anstehen für einen Platz am zwölften Pfosten, einmal Muti dirigieren sehen. Noch besser: Einmal als Reporter eine Woche lang durch das Theater streifen. Einmal vom Schnürboden in die Kulissen sehen, während drunten der Regisseur mit einer Sängerin in karierter Hose Gesten einstudiert und Arbeiter ein Riesenbild über die Bühne schieben. Einmal einen Blick in den Tanzsaal werfen. Einmal in gewundenen Gängen sich an Kontrabaß-Behältnissen vorbeidrücken und mit Franco Rotondo, dem Schreiner, im Keller zu den Wassertanks und Feuerwehrpumpen vorstoßen. Einmal mit Germano Stracca im Kämmerchen der Vorhangzieher vor den Theaterzetteln alter Zeiten stehen. Einmal diesen Mythos besichtigen, der La Scala heißt.

Im Grunde meint *la scala* etwas sehr Banales: die Treppe, die Leiter. Eine solche braucht man an dem Theaterbau, der sich von außen stellenweise ausnimmt wie ein Wohntrakt mit verklappten Fensterläden und verschmierten Türen, nicht zu suchen. Der Name hat anderen Ursprung. Als 1776 das weiland herzogliche Theater in Flammen aufgegangen war, bestimmte die österreichische Besatzungsmacht für den Neubau ein Areal, auf dem die verfallende Kirche Santa Maria della Scala stand, benannt nach der Dame Regina della Scala. Schon bei der Einweihung zwei Jahre später sprach man von *der* Scala, der Name wurde im Heimatland der Oper ein Leuchtstern der Nationalgeschichte, weil dort im folgenden Jahrhundert ein paar Giganten des Genres wirkten, nicht nur Kastraten, Primadonnen und Dirigenten erster Güte, sondern vor allem Komponisten wie Rossini, Bellini, Donizetti, Puccini und der unsterbliche Giuseppe Verdi, der 29jährig, vom Schicksal hart geschlagen, am 9. März 1842 mit der Uraufführung des *Nabucco* an der Scala den Durchbruch zum Erfolg schaffte.

Vergangenheit verpflichtet, ihr entspringt der »Zauber dieses Theaters«, wie einmal Riccardo Muti gesagt hat, der Stardirigent, der am 7. Dezember 1986 als musikalischer Direktor der Scala bewußt mit *Nabucco* debütierte und auch zum zehnten Jahrestag 1996 in einer *Nabucco*-Vorstellung stürmisch gefeiert wurde. Wie einen lastenden Schatten empfindet er das Gewicht der Geschichte, wenn im Saal die Lichter verlöschen und er am Dirigierpult steht, auf seiner »Insel der Einsamkeit«. Die Legende lebt und hat Roberto Gabbiani, den Leiter des berühmten Chors der Scala, offenbar so sehr verzückt, daß er behauptet, über die Gesichter seiner 106 Sängerinnen und Sänger gehe ein Leuchten, wenn sie das unsterbliche »Va' pensiero«, den Gefangenenchor aus dem *Nabucco,* anstimmen. »Jeder von ihnen verwandelt sich in die Geschichte der Scala.«

Welcher Musikliebhaber möchte da nicht teilhaben, wenigstens in der Nähe sein, wenigstens in Pagenuniform den Vorhang halten wie Germano Stracca, der doch so gerne eigentlich auf der anderen, der gleißenden Seite des Vorhangs stünde, drei Schritte weiter im Licht. Als Siebenjähriger hat er das Klavierspiel erlernt, als 18jähriger mit Gesangsunterricht begonnen, vier Jahre das Konservatorium besucht. Ohne Abschluß. Seither erhält er Privatlektionen, trägt Mozart und Rossini vor, ist dreißig Jahre alt geworden, ein *basso cantante,* der mitsingen möchte, wenigstens im Chor. An Wettbewerben will er teilnehmen, vorsingen, einen Agenten suchen, »ich bin nahe dran«, sagt er, »aber es ist noch ein wenig Perfektionierung nötig«.

Welch ein Riesenglück immerhin, daß er vor sechs Jahren diesen Job als Vorhangzieher bekam, drei bis vier Stunden täglich für sechzig DM brutto, von September bis Juli. So steht er am Bühnenrand, wohnt den Vorstellungen und Proben bei, lauscht und lernt und hofft und sehnt den Tag herbei, an dem er selbst einmal auf jene Bretter träte, die zum Erfolge führen. Musik ist eine Himmelsmacht, die Menschen in Bewegung setzt, und die Scala ist ein Epizentrum dieser Kraft, der Strudel eines sagenhaften Sogs.

Er veranlaßt nicht nur Menschen in aller Welt, in Süd-Australien etwa, den Spielplan anzufordern oder im Internet http://www.lascala.milano.it/ anzuwählen. Auch mancher der 101 Studenten, die in der Scala als Platzanweiser, Garderobieren oder Türsteher Dienst tun, ist ein Musenjünger. Es lockt mehr als der Verdienst von fünfzig DM am Abend, doch müssen die jungen Herrschaften, die nach alter Art frackähnliche Jacken und am Halse schwere Medaillen tragen, ihre Passionen mäßigen. Sie haben strikte Anweisung, nicht mit Besuchern in erregte Fachsimpelei zu verfallen, sondern Umsicht zu wahren. Sie sollen Programmzettel verteilen, fremde Sprachen sprechen und das Windelbaby schaukeln, wenn ein Wagner-närrischer Vater es zum *Parsifal* mitbringt.

Und wenn's ganz dicke kommt, wenn ein Mann aus Frankfurt etwa seiner Frau zur Silberhochzeit einen Abend in der Scala schenkt, aber dann mit ihr am falschen Tag aufkreuzt, dann setzt Achille Gozzi, 39, der Chef der Truppe, allen Ehrgeiz daran, Flexibilität zu beweisen. Dann kommt das Paar in eine jener Logen, die für Bürgermeister, Regionalpräsident und andere Autoritäten freigehalten werden, aber gerade unbesetzt sind. Man hat Verständnis hier für Herzensregungen, musikalische sowieso. Auch Gozzi war am Konservatorium.

Wer an der Scala arbeitet, hat meist nicht irgendeinen Job gesucht, sondern die Scala. Als Andrea Valioni 1990 als 34jähriger Jungregisseur vorsprach und gleich einen Zweimonatsvertrag bekam, war er aus dem Häuschen. Inzwischen ist er Produktionschef, sitzt vollbärtig im engen Raum vor dem Telefon, den Tabakspfeifen und dem großen Heft, das er seine Bibel nennt. Opern wie die *Armida* von Christoph Willibald Gluck, die an diesem 7. Dezember 1996 Premiere hat, werden unter seiner Hand zu Tabellenwerk, Akte und Szenen wandeln sich in Besetzungspläne, gehen mit den Kalendarien der Künstler über in Proben- und Tagesordnungen, so lange, bis in allen Arbeitsräumen des Theaters weiße Zettel hängen, auf denen abzulesen ist, wer sich wann in welchem Raum zu welcher Probe oder Vorstellung einzufinden hat. Täglich ruft das Produktionssekretariat die Solisten an, fragt nach Stimme und Befinden, gibt die Termine durch.

Lang ist der Arbeitstag des Produktionschefs, siebenmal die Woche, und manchmal geht er noch nach Schicht mit der Gefährtin, die als Regisseurin ebenfalls an der Scala wirkt, zu einer Probe, nur zusehen. Arbeit mutiert in »das Vergnügen, mitzumachen«, für Valioni heißt das »von morgens bis abends Theater fressen«, heißt aber auch: nicht auf altem Lorbeer ruhen, es ist »zu einfach zu sagen: Wir sind die Scala«.

Prestige verplempert sich leicht, Niveau zu halten strengt an, der Schattenwurf des Mythos erzeugt geradezu »einen Zwang zur Perfektion«, wie der Komponist Paolo Arcà meint, »eine schreckliche Sache bei der Scala«. Dabei wirkt der 43jährige keineswegs so, als werde sein Elan von dieser Bürde gehemmt; der Stolz dabeizusein gleicht aus. Als künstlerischer Direktor ist Arcà einer jener Mächtigen im Olymp, die in Sekunden Karriereträume vernichten oder Zerknirschte in siebte Himmel erheben können. In enger Fühlung mit Riccardo Muti sucht er die Stimmen aus, die an der Scala erklingen sollen.

Fax, Telefon und Pianoforte sind seine Arbeitsgeräte, er reist und hört und redet und schaut fünf Jahre weit voraus. Natürlich hat er in München den neuen *Tristan* gesehen, war jüngst auch in Düsseldorf und Dresden. Natürlich hofft auch er, die neue Callas zu entdecken, natürlich wird er laufend von Sängerinnen oder Sängern angerufen, die an die Scala wollen. Um 22 Stellen im Chor haben sich über zweihundert Interessenten beworben, demnächst singen zudem bei einer Großanhörung 150 Solisten vor, andere kommen en passant, und wenn es nicht soll sein, sagt Arcà: »Danke, danke, auf Wiedersehen.« Er sagt es, wenn es paßt, auch auf deutsch. Die Sprache Wagners, Mozarts und Schuberts hat er erlernt, weil sie ihm wichtig scheint in seinem Business, wie anderen das Italienische.

Oper kennt keine Grenzen, Musik ist multikulturell, gute Sänger und Dirigenten reisen um die Welt, und doch ist in diesem Kosmos die Scala noch immer ein einzigartiger Ort. Ist sie auch noch das erste Opernhaus der Erde, was macht die Konkurrenz in Wien, Paris, New York? Paola Calvetti, die Pressechefin, blickt energisch auf vom Bildschirm und erwidert: »Verzeihen Sie die Arroganz, aber wir haben keine Konkurrenz.« Die Scala nämlich, sagt sie, ist ein Produktionstheater, bringt ein Werk heraus, spielt es etwa zehnmal und nimmt es selten wieder auf; ein festes Solistenensemble gibt es nicht, nur Chor, Orchester und Ballett. Anderswo, auch in Deutschland, werden mehrere Opern im Repertoire über längere Zeit gezeigt. Im ganzen produziert die Scala mehr und probt intensiver, ein Vergleich fällt schwer. Paris hat gewiß das allerbeste Ballett, sagt Paola Calvetti, aber wer sonst hat als musikalischen Direktor einen Riccardo Muti?

Der Geist des Maestro schwebt über allen Wassern und Gesprächen. Im Scala-Museum war zu seinem Zehnjährigen eine Fotoausstellung zu sehen, und Muti-Fotos zieren so zahlreich auch die Pressestelle, daß daneben das Schild »Mehr Sex bitte« fast verblaßt. Ein Göttlicher ist er, ein Divo, der keine Nebengötter duldet, und wer rühmte nicht die Strenge, mit der er das Orchester der Scala so beachtlich im Niveau gehoben hat? Mit Muti arbeiten mag Kraft kosten, ist aber »ganz toll«, wie Christian Baumgärtel sagt. So viel Verachtung für musikalische Äußerlichkeiten, so viel Spannung, wenn er das Orchester auf *pianissimo* herunterfährt! »Man kann so leise singen, wie ich das noch nie vorher erlebt habe.«

Christian Baumgärtel ist Tenor von Beruf, dreißig Jahre alt, Deutscher, zur Zeit in Dortmund tätig. Als ihn 1995 über einen Agenten erstmals der Ruf an die Scala ereilte, traute er sich nicht, nach dem Wieso und Woher zu fragen, aus Angst, man könnte ihn verwechselt, aus Versehen engagiert haben. So riesig war die Freude. Natürlich ist ein Auftritt in der Scala »für Enrico Normalsänger«, sagt Baumgärtel, »ein Traum«. Sind auch in Mailand die Gagen nicht so hoch, so steigen sie danach doch anderswo. Baumgärtel hat vor einem Jahr den zweiten Priester in der *Zauberflöte* gesungen, jetzt gibt er den Artemidor in *Armida* – ein Aufstieg. Und dabei hat er, sagt er, nie erwartet, »daß jemand mich irgendwo öffentlich singen läßt«.

Irgendwie hat man sich Tenöre an der Scala anders vorgestellt, nicht so jugendlich-salopp und ungeziert, wie Baumgärtel da im Caffè Scala über dem Salat sitzt, nicht mit Stoppelbart. Ach, wie täuscht man sich! Hält Opernstars für eingebildet, wo doch Germano Stracca, der Vorhangzieher, weiß, daß gerade die Besten und Berühmtesten am freundlichsten sind, Placido Domingo zum Beispiel. Arrogant sind die Unsicheren.

Aus Stracca spricht Erfahrung, denn er zieht und hebt nicht nur mit dem Kollegen Serafino das Bühnentuch, elektrisch und von Hand, sondern ist auch für die Betreuung der Sänger zuständig, wenn diese in den Garderoben den Auftritt erwarten oder üben. Garderobe 1 ist 1954 für Maria Callas neu eingerichtet worden, ein Piano, eine Liege, ein paar Schränke befinden sich darin, stark gedunkelt; im Nachbarraum probt die Wienerin Lotte Leitner gerade ihren Part für *Armida*. Stracca bringt den Künstlern Mineralwasser, ohne Kohlensäure und keinesfalls zu kalt. Stracca fühlt mit ihnen, sieht in ihnen auf der Bühne seine Sehnsüchte verkörpert, lebt in ihrer Rolle mit und bebt an seinem Seitenausguck, wenn schwierige Passagen kommen, »ich leide in gewissem Sinne«. Und er versteht, wenn ein Sänger mal nervös ist oder abergläubische Anwandlungen hat.

Stracca weiß auch: Draußen auf der Bühne gibt es nicht nur, wie der Tenor Baumgärtel berichtet, den Caruso- und den Callas-Punkt, zwei markierte Stellen, von denen aus ein Sänger besonders gut zu hören ist und um die ein gewisses Drängeln herrscht. Es gibt auch einen Malus-Punkt, Muti dirigiert die Darsteller von dort meist rasch weg. Und es gibt das Problem, daß der elfenbeinern getönte und golden ornamentierte Theaterraum so viele rote Teppiche und Samtbezüge aufweist, die manches vom Orchesterton verschlucken. Holz wäre besser, sagt der Geiger Gianluca Scandola.

Ein altes Gehäuse ist die Scala, eher eng, verwinkelt und verwirrend. Wer fände allein ins Obergeschoß zu den Schneiderinnen, die an großen Tischen über Kreuzrittergewändern für die *Armida*-Premiere sitzen? Oder zu den Gebrüdern Pappalardo, den Schustern, die am 7. Dezember in der Kulisse warten, falls einer der circa 250 Absätze abbricht? Auch der Untergrund birgt Wunderwerke, die Bühne etwa, eine antiquierte Maschinerie aus heb- und senkbaren Flächen, die an Stellhebeln und Kurbeln von Renzo Arienti und seinen 15 Kollegen bewegt wird. Der Bühnenarbeiter scherzt und plaudert, während auf den Brettern über unseren Köpfen die *Armida*-Proben fortschreiten und Soprangesang durch die Ritzen tönt. Ach damals, als Carla Fracci, die *primaballerina assoluta*, ausglitt und Rudolf Nurejew sie grinsend auszählte: 1, 2, 3 … Oder wie für *Schwanensee* Dunst zu erzeugen war, mittels Trockeneis, und wie dann die Ballettratten und die Geiger ein wenig arg eingenebelt wurden, hihi. Nur daß die gute alte Bühne abgerissen werden soll, das ist nicht zum Lachen.

Tatsächlich wird die Scala renoviert. Die Bühne ist zu schwerfällig und soll ersetzt werden. Seit Ende 1998 ist das Haus geschlossen, eine neue Musikhalle am Stadtrand dient als Ausweichquartier, und am 7. Dezember 2000, zeitgerecht vor Giuseppe Verdis hundertsten Todestag am 27. Januar 2001, soll das Theater in neuem Glanz wiedereröffnet werden, ausgestattet mit modernster Bühnentechnik, die raschere Umbauten erlaubt und endlich auch zusätzliche Vorstellungen.

Mehr Musik, bitte – dies ist ein tausendfacher Wunsch, den die Scala bisher nicht erhören konnte. Wer sich im Bann des großen Namens in Mailand einen Opernabend gönnen möchte, braucht Geduld und Geld und unbedingt das Heftchen mit den Vorstellungs- und Verkaufsterminen. Es gibt zweitausend Plätze, es gibt Kontingente für Stadt, Polizei und andere Behörden, für Schüler, Alte und Arbeiter, auch für Reiseagenturen. Es gibt vier Wechselschichten von Abonnements, deren erste einst die Mailänder Traditionsbourgeoisie und den Adel versammelte; die vierte wurde für spendierwillige Firmen eingerichtet, die bei ihrer Kundschaft mit einem Scala-Besuch beeindrucken wollen.

Wer in solchem Turnus eine sechssitzige Loge

mit guter Sicht mietet, zahlt für eine Opern- und Ballettsaison mit elf Vorstellungen rund 17 Millionen Lire, Premieren ausgeschlossen. Einzelkarten kosten im Verkauf bis zu 270.000 Lire, bei den Schwarzhändlern, die lauernd um den Bogengang der Eingangsseite streichen, zahlt man das Doppelte und mehr. Der Magnetismus des Mythos erzeugt zwar keine Kostendeckung, aber beste Auslastung und horrende Nachfrage, und so sitzt Roberto Anselmino, der Chef des Kartenverkaufs, in seinem Büro vor großem Kalender und kleinem Tresor als ein Mann, »der unter dem Gewicht der Scala leidet«.

Ein Trost ist immerhin, daß ihm die Freunde der Initiative *L'Accordo* beispringen, wenn sich bei Zugnummern schon drei Tage vor Verkaufsbeginn die Schlangen bilden. Mit Namenslisten und Zählappellen bringen sie den Andrang in beherrschbare Form, genauso werden allabendlich die zweihundert Stehplätze an jene Enthusiasten verteilt, die stets nur in die obersten beiden Ränge, den *loggione,* gehen. Für zehn DM nur, aber dafür um so öfter. Auch Riccardo Muti frequentierte als Student einst den *loggione,* Germano Stracca ebenfalls.

Reiht man sich abends um 18.45 Uhr am Eck neben dem Scala-Restaurant ein unter die wartenden Melomanen, so trifft man Leute wie den Rentner Elvo Leone, der wirklich jeden einzelnen Scala-Auftritt Riccardo Mutis in zehn Jahren miterlebt und manchen als »heiliges Abendmahl« empfunden hat. Ein zweiter hat zwölfmal den *Parsifal* gesehen, andere erinnern sich noch an Arturo Toscanini und Maria Callas – »die Witwer der Callas«, sagen Spötter, die »Opernkranken«. Enzo Rossari, ein pensionierter Angestellter, und seine Freunde schwören darauf, daß man droben auf der zweiten *galleria* am allerbesten hört, rechts zwischen Pfosten zwölf und dreizehn, »hier ist das Hauptquartier«. Hier ergeben sich die Scala-Süchtigen ihrem beckmesserischen Rausch.

Kenner sind sie, die für die Oper brennen. Studieren vor Premieren teure Partituren, jubeln oder senken gnadenlos den Daumen, pfeifen Pavarotti aus, wenn er kickst, mögen Muti, reichen hustenden Japanerinnen Rachenbonbons. Wie haben sie vor Jahren die Claque bekämpft, jene 15 Hofjubler, die sich unter Führung eines gewissen Signor Tonino im *loggione* verteilten, um an passender Stelle mit Applaus einzufallen und »Bravo« zu schreien. Die Scala-Intendanz zahlte dafür mit freiem Eintritt. Geschichte. Begeisterung läßt sich nicht lenken, sondern sprudelt. Ganze Vereine entfalten aus ihr eine lebhafte Reise-, Unterrichts- und Vortragstätigkeit, so die *Amici del Loggione* (zweitausend Mitglieder) und die *Amici della Scala* (650 Mitglieder).

Ein sehr anspruchsvolles Publikum, das mit gemischten Gefühlen jedes Jahr dem 7. Dezember entgegensieht, nicht anders als Riccardo Muti, der Star, und Germano Stracca, der Vorhangzieher. Ihrer aller Sehnen gilt selbstverständlich jenem Atemzug, in dem der Dirigent die Hände sinken läßt, jenen magischen drei oder vier Sekunden, die nach Ende einer Darbietung vergehen sollten, ehe der Applaus einsetzt, dann war der Zauber da, wie Muti sagt. Doch wird am 7. Dezember regelmäßig das Mysterium kakophon übertönt vom Lärm des Societyevents, von Menschen wie der durch Heirat geadelten Politikergattin Marina Ripa di Meana, die in kardinalsähnlicher Kostümierung gegen das Tragen von Pelzen demonstrierte und im Foyer kreischte, sie bringe den großen Kronleuchter zum Absturz, wenn man ihr seidenes Transparent beschlagnahmt halte.

Nerzcape, Frack, Juwelen, Blitzlicht, Ministerpräsident, Magnat, Marquise – auch das ist Scala; in manchen Jahren haben draußen Studenten oder Arbeiter protestiert, in anderen drinnen die Steuerfahnder Brillanten taxiert. Mailands famose Modeschöpfer mögen es, wenn namhafte Damen ihre Kreationen tragen, so kommt man in die Zeitung. Der *Corriere della Sera* streckt den Redaktionsschluß um zwei Stunden, die Premiere beginnt schon um 18 Uhr, damit Zeit bleibt für das mondäne Mahl danach, im Biffi Scala, im Savini, im Santa Lucia oder, exklusiv, beim Antiquar Franzin.

Ein Sitz in Loge und Parkett kostet an diesem 7. Dezember 1,2 bis 1,5 Millionen Lire pro Person, ein Stehplatz 30.000 Lire. Das Galaessen für die Künstler gibt in diesem Jahr der Stilist Gianni Versace im Palazzo Clerici, erwartet werden Riccardo Muti und 250 weitere illustre Persönlichkeiten. Germano Stracca ist nicht geladen. Er legt, wenn für die *Armida* der letzte Vorhang gefallen ist, die weißen Handschuhe und die schwarze Pagenuniform ab und geht nach Hause zu seiner Frau. »Für mich«, sagt er, »ist das ein Abend wie alle anderen.«

So kann nur einer reden, der dabei ist, immer. Und doch drei Schritte entfernt.

Wenn der Postino niemals klingelt

Warum ein Brief manchmal sieben Jahre braucht

Manchmal kommt die Post, und manchmal kommt sie nicht, jedenfalls nicht gleich. Eine Reihe italienischer Familien erhielt im Juni 1998 je einen schönen blauen Brief, vom Amt. Darin wurde mitgeteilt, die italienische Post habe einen fabelhaften neuen Service eingerichtet, einen Eilpostdienst, »liefert morgen aus, was Sie heute abschicken«. Briefe und Karten würden in 24 Stunden befördert, und nur 1,20 DM Porto, also vierzig Pfennig über dem Normaltarif. Ein wenig stutzig machte die Empfänger nur der Hinweis, das Angebot gelte im Regionalbereich ab 1. März 1998 und auf nationaler Ebene ab Oktober. Erster März? Die blauen Briefe müssen lange unterwegs gewesen sein. Zu lange. Sie waren im Dezember 1997 abgeschickt worden.

Der *Corriere della Sera*, der den Vorfall publik machte, merkte sarkastisch an, die Post funktioniere in Italien nicht besser als zu Zeiten, da sie noch im Gehrock und Zylinder ausgetragen wurde. Und manchmal nicht einmal das. In Poggibonsi bei Siena jedenfalls wurde 1994 eine Postangestellte ertappt, die rund sechshundert Kilo Briefe bei sich zu Hause hortete.

Mag dieser Fall auch eine Ausnahme sein, so ist doch der Normalzustand keineswegs erfreulicher. Als der Beamte Alfonso La Cava aus Florenz im Mai 1998 als neuer Postdirektor nach Palermo entsandt wurde, entdeckte er in den Depots mehr als zweihundert Tonnen Briefe, Päckchen und Pakete, mit deren Verteilung die Postboten nicht nachgekommen waren. Kein Wunder also, daß die Abonnenten des *Osservatore Romano* in Palermo ihre Zeitung aus dem Vatikan in der Regel erst mit siebentägiger Verspätung erhalten.

Oft kommt es noch schlimmer. Nach Presseberichten wurden schon Arbeitslose um neue Jobs gebracht, weil die Mitteilungen des Arbeitsamtes verspätet eintrafen. Auch Hochzeiten sollen schiefgegangen sein und Entführungen sich in die Länge gezogen haben, weil die Post säumig war. Briefmarkenversandhändler klagen, ein Viertel aller Sendungen komme nicht an. Liebesbriefe sind völlig außer Mode, wer verläßlichen Kontakt sucht, greift zum Telefon, schickt ein Fax oder ruft einen der Botendienste, die in Italiens Städten in großer Zahl gegründet wurden – es gibt reichlich Bedarf.

Botschafter in Rom gehen nicht das Risiko ein, am kalten Buffet allein zu bleiben, weil die Einladung die Gäste nie erreichte. Und wer von Rom regelmäßig etwas ins Ausland zu schicken hat, nutzt dazu lieber die Post des Vatikan. Norditalienische Unternehmer mieten sich Postfächer in der nahen Schweiz und expedieren von dort aus ihre Waren in die Welt. Zu Hause funktioniert es eben nicht. Von 17 Briefen, die Redakteure des *Corriere della Sera* versuchsweise in 17 verschiedenen Postämtern der Provinz Mailand aufgaben und an die eigene Zeitungsredaktion in Mailand adressierten, kam nur einer schon nach drei Tagen an. Die vier langsamsten brauchten nicht weniger als 16 Tage.

Die Mißstände sind bekannt, ihre Ursachen nicht minder. Wie andere Staatsbetriebe war auch die Post in den Jahrzehnten des christdemokratisch-sozialistischen Regimes eine Pfründe der Parteien. Nicht Qualifikation und Einsatzwille gaben den Ausschlag bei der Einstellung der Bediensteten, sondern Beziehungen und politische Gefolgschaftstreue. Tausende wurden mit Ministererlaß als Behinderte aufgenommen, obwohl sie kerngesund waren, auch die Gewerkschaften nisteten sich ein, und den jeweiligen Ministern lagen die Kungeleien um die Vergabe der Fernseh- und Rundfunklizenzen viel mehr am Herzen als der geordnete Ablauf des Postbetriebes.

Das Ergebnis waren ein organisatorisches Chaos und gigantische Bilanzdefizite, an denen das Unternehmen bis heute krebst. Verschwendung, Undurchsichtigkeit, Unregelmäßigkeiten der Geschäftsführung und ein Versagen der Kontrollen bemängelte der Rechnungshof. 1997 wurde täglich ein Verlust von knapp sieben Milliarden Lire gemacht. Und der neue Postchef Corrado Passera, ein früherer Bank- und Firmenmanager, erklärte bald nach Amtsantritt, es könne sein, daß die Post mit ihren 175.000 Beschäftigten in einigen Jahren überhaupt nicht mehr existiere, wenn sie nicht gründlich umgekrempelt werde. Er legte im Juli 1998 einen Sanierungsplan vor.

Notorische Briefeschreiber wie der Schriftsteller Luigi Malerba sehnen eine Reform seit langem herbei. Heute brauche ein Brief von Stadt zu Stadt 15 bis zwanzig Tage, »schlimmer als zu Zeiten der Postkutsche«, schrieb Malerba. Auch das sprichwörtliche Schneckentempo ist noch nicht Legende. In einem Büro der Transportgewerkschaft Fit-Cisl in Mailand traf im November 1996 ein Einschreiben des Mailänder Arbeitsamtes ein, das vom Adressaten rund vierhundert Meter entfernt liegt. Der Brief war knapp sieben Jahre unterwegs gewesen.

Ein Fieber, das vom Fußball kommt

Tifosi gehören zu Italien wie die Spaghetti

Eigentlich ist es eine Krankheit, die den Darm befällt und sich in apathischer Ermattung, Kopfweh und fiebrigen Delirien äußert. Typhus heißt das Leiden, in Italien *tifo.* Ein *tifoso* also ist ein Typhuskranker, aber daran denkt in Italien, wenn das Wort fällt, höchstens der Hausarzt. Hauptsächlich verbindet sich mit dem Begriff *tifoso* in zweiter Bedeutung vielmehr ein Fußballnarr, der leidenschaftlich einer Mannschaft anhängt.

Der *tifoso* ist ein Massenphänomen, Fußballenthusiasmus gehört zu Italien wie Oper, Spaghetti, Mafia und Modenschau. Bei einer Umfrage im Sommer 1998 bekannten sich zwei von drei Italienern als Fans, die jeden Sonntag ihrem Club die Daumen drücken. Auch die Frauen sind mittlerweile zu 48 Prozent den *tifosi* zuzurechnen. Dabei rangiert in der Gunst des Publikums Juventus Turin, der vielfache Meister, der sich seit Jahrzehnten im Besitz des Agnelli-Clans befindet, mit rund zehn Millionen Anhängern an der Spitze, vor dem AC Milan (5,7 Millionen *tifosi*), den sich der Medienmagnat Silvio Berlusconi gekauft hat. Auch Prominente machen aus ihren Vorlieben kein Geheimnis, man weiß von Politikern und Showgrößen jeder Art, für welchen Club sie schwärmen.

Fußball ist in Italien seit langem ein gigantisches Geschäft. Die Serie A gilt als die härteste Liga der Welt, ihre Starspieler zählen zu den bestbezahlten Männern im Land, die Transfersummen haben inzwischen Größenordnungen von fünfzig Millionen

DM erreicht. Die großen Vereine rekrutieren die besten Kicker der Welt und sind auch deshalb weit über Italien hinaus bekannt, bei Fußballweltmeisterschaften gehören die Italiener seit langem zu den stärksten Teams. Auch die Existenz dreier Tageszeitungen nur für Sportberichte zeigt an, daß Italien auf diesem Felde andere Länder weit hinter sich läßt. Und manchmal offenbart auch ein zufälliges Ereignis den Stellenwert des runden Leders im Gefühlsleben der Nation.

Es hat einmal, im April 1998, eine Katastrophe gegeben. Beim Spiel zwischen Inter Mailand und Juventus Turin hatte der Schiedsrichter Piero Ceccarini ein Foul des *Juve*-Spielers Iuliano gegen den *Inter*-Helden Ronaldo übersehen und den fälligen Elfmeter verweigert. *Juve* siegte 1:0 und kam damit der Meisterschaft sehr nahe, *Inter* lag als Tabellenzweiter vier Punkte zurück.

Es erhob sich ein Orkan der Entrüstung. Das Fernsehen schob Sondersendungen ein, die Zeitungen druckten Leitartikel, in denen von der »Religion des Stadions« und der »Metaphysik des Elfmeters« die Rede ging, und man las Kommentare wie den des Sängers Luciano Pavarotti, eines *Juve*-Fans, der meinte: »Wir sind keine Mannschaft von Dieben.« Bei der *Gazzetta dello Sport* gingen mehr Leserbriefe ein als je zuvor in der Geschichte des Blattes.

Politiker erklärten sich, im Parlament fand eine aktuelle Fragestunde statt. Ein Abgeordneter verlangte von der Regierung, sie solle für eine Wiederholung des Spieles sorgen, und sechzig Prozent der Bürger wollten das laut einer Blitzumfrage ebenfalls. Die Parlamentssitzung mußte wegen Handgreiflichkeiten unter Abgeordneten abgebrochen werden. Der stellvertretende Ministerpräsident und

Sportminister Walter Veltroni traf sich mit dem Präsidenten des Fußballverbandes und plädierte für eine grundlegende Erneuerung im Schiedsrichterwesen.

Dort lag in der Tat ein Hund begraben. Schiedsrichter müssen ja nicht nur mit bloßem Auge ein Geschehen beurteilen, das Fernsehkameras viel genauer einfangen, und manchmal sind sie eben – wie im vorliegenden Fall – hinterher die Blamierten. Es gab auch großen Mißmut darüber, daß unbequeme Schiedsrichter bis dato von den Clubs als Spielleiter abgelehnt werden konnten. Wer da große Matches wie die des *Juve*-Teams pfeifen wollte, tat sich besser durch Verbindlichkeit hervor, und just der Vorwurf der Untertänigkeit gegenüber Juventus wurde den *arbitri* gemacht.

Der Fußballverband ging in sich und gelobte Besserung. Er brauchte drei Monate, um zu beschließen, daß auch in Italien die Schiedsrichter in der höchsten Spielklasse, der Serie A, ebenso wie in der Serie B künftig schlicht ausgelost werden. Damit die *tifosi* sich wieder beruhigen. Im *Corriere dello Sport* hatte ein *Inter*-Fan alle anderen sogar aufgerufen, aus Rache das Fußball-Toto zu boykottieren.

Gondelfahrt zum Internet

Bürgermeister Cacciari will Venedig vor der Zerstörung durch den Tourismus bewahren

Schöner Arbeitsplatz? – »Paaa!« Massimo Cacciari stößt einen Laut der Verachtung und Verneinung aus, während er sinnend vor der hohen Fensterfront steht und am roten Samtvorhang vorbei auf den regengrauen Canal Grande schaut. Man hätte ihn das nicht fragen sollen, auch nicht im Scherz. Wenn einer der Bürgermeister von Venedig ist, hat er keinen schönen Arbeitsplatz, mag auch sein Büro mit Marmorböden und goldenen Spiegeln versehen sein, und mag es all die angestammte Pracht einer reichen, alten Stadt versammeln.

Venedig ist ein Ort, der seine Bürgermeister quält, mit Wasser, mit Feuer, mit dem Irrsinn seiner Eigenarten, mit der Gier nach Profit. Fremde lockt es an, und Einheimische stößt es ab. Schöner Arbeitsplatz? Massimo Cacciari sieht seine Tätigkeit als Folter an. Er sähe sie am liebsten möglichst bald beendet, will wieder Philosoph sein und würde gerne mal als Sportreporter von der Tour de France berichten. »Ein schreckliches Wetter ist das dieses Jahr«, sagt er und tritt vom Fenster zurück. Draußen tragen sie schon wieder Gummistiefel.

Cacciari setzt sich an den großen runden Tisch, auf dem sich Papiere türmen, am Rand sind ein paar Buchten freigehalten. Ein ganz normaler Arbeitstag beginnt. Der Bürgermeister studiert Akten, zeichnet ab, krault sich am Bart. Anrufe und Besucher kommen, vom Canal Grande dringt das Tuckern dicker Schiffe herauf. Auf dem Schreibtisch im Hintergrund, an dem an diesem Morgen der Reporter sitzt, ist ein Computer plaziert, ringsum stehen Tischchen, vollbeladen mit Mappen und mit Büchern.

Ein Kopfarbeiter hat in diesem Amtszimmer seine Residenz genommen. Massimo Cacciari, Sohn eines venezianischen Kinderarztes, ist gelernter Philosoph, vormals praktizierend als Professor für Ästhetik am Hochschulinstitut für Architektur in Venedig. Von Jugend auf war er begierig darauf, die Ideen an der Praxis zu messen. Er tummelte sich in linken Gruppen, 1969 trat er der Kommunistischen Partei bei, war sieben Jahre Abgeordneter in Rom. Danach warf er sich auf die Kommunalpolitik und wurde Ende 1993 schließlich zum Bürgermeister gewählt, gestützt von einem Parteienbündnis der linken Mitte.

Daß der 54jährige Gelehrte, dem bei aller Eleganz noch immer eine gewisse Jugendlichkeit anhaftet, auch außerhalb Venedigs rasch bekannt wurde, hängt mit einem Einzelgängertum zusammen, das sich aus Selbstgewißheit ebenso nährt wie aus Mediengeschick. Wer gescheit die Führer im eigenen Lager zaust und zugleich als Ungläubiger mit Kardinälen über den Kirchenvater Augustinus disputiert, wird rasch zum bunten Ausnahmesubjekt, zum Wanderer jenseits der Fronten. Der elitäre Adel des Geistes umgibt ihn mit seiner Aura, auftritt ein intellektueller Querkopf, wie man ihn als Bürgermeister in anderen Ländern schwerlich finden würde.

Dessen ungeachtet traut sich der Mann für rund 6000 DM Nettogehalt im Monat an eine höchst praktische, nervzehrende, ja herkulische Aufgabe heran, die Venedig heißt. Ein entrückter Dulder darf er da nicht sein, und er war es nie. Massimo

Cacciari kann aufbrausen, kann sich am Telefon über einen Zeitungsartikel erregen, den Verfasser schwachsinnig nennen, kann fluchen und bissig mit der Sekretärin um Termine zanken. Gegner hat er schon öffentlich als Idioten oder Schwachköpfe bezeichnet, auch seine Bürokraten faßt er hart an. »Hier muß alles mit Fußtritten in Gang gesetzt werden«, sagt er. Im Sturmschritt hofft er sein Projekt Venedig voranzubringen, die Rettung dieser einmaligen Stadt vor ihrer Perversion.

Venedig in Gefahr – ein altes Lied. Im Grunde lebt die kleine Weltmacht a. D. im Niedergang, seit sie sich 1797, vor gut zweihundert Jahren also, den Truppen Napoleons ergab und als souveräne Dogenrepublik zu bestehen aufhörte. Seit Thomas Mann seine Erzählung »Der Tod in Venedig« veröffentlichte, wird ihr von Journalisten zudem oft die Metaphorik verwesender Schönheit angehängt, was nicht nur Cacciari für einfallslosen Unfug hält. Als Datum wahrer Existenzbedrohung ist in den Annalen vielmehr der 4. November 1966 vermerkt, an dem die Stadt auf ihren 118 Inseln von einer Sturmflut heimgesucht wurde und der Wasserspiegel auf 1,94 m über Normalstand anstieg.

Es hat sich viel getan seither. Sondergesetze wurden verkündet, Ausschüsse eingesetzt, Küsten befestigt, Alarmsysteme installiert, Versorgungsleitungen gesichert, Strömungen gelenkt und Studien erstellt. Bürgerinitiativen aus aller Welt sammelten unter dem Schirm der UNESCO Geld für die Restaurierung von Monumenten. Doch vieles ist auch unterblieben, weil Politiker der Stadt, der Provinz, der Region und der Regierung in Rom sich über Jahre stritten und über ihren Parteikabalen nicht zu Entscheidungen fanden. Venedig wurde ein Opfer politischen Versagens *all'italiana*.

Noch immer wird zum Beispiel die hochempfindliche Lagune verseucht durch Düngemittel und Industriegifte, noch immer hat Venedig kein echtes Abwassersystem. Noch immer queren Öltanker die Lagune auf dem Weg zum Industriehafen von Marghera, obwohl ein Unfall katastrophale Folgen hätte: Nicht nur die einmalige Wasserlandschaft der Lagune, sondern auch die Altstadt von Venedig würde schwerstens mit Öl verschmutzt. Noch immer ist auch ungewiß, ob und wann die drei Öffnungen der Lagune zur Adria mit einem gigantischen System mobiler Deiche vor neuen Sturmfluten geschützt werden sollen; das Milliardenprojekt, erarbeitet von dem Firmenkonsortium Venezia Nuova, war nach zwanzigjährigen Studien und Debatten Ende 1998 überreif für eine Entscheidung, die sich in den vergangenen Jahren immer weiter hingezogen hatte.

Daß Venedig noch ein weiteres Mal wie 1966 vom Meer überwältigt werden könnte, hat eine Arbeitsgruppe der Stadt nach langen Untersuchungen ausgeschlossen. Dies blieb nicht ohne Widerspruch, es fand zudem keine gute Aufnahme, daß der Bericht als Vorsorgemaßnahme auch den Gebrauch von Gummistiefeln erwähnte. Und da der Bürgermeister die Gummistiefel gleichfalls pries, handelte auch er sich höhnische Kritik ein, zumal in jener Zeit die Gummistiefel besonders oft vonnöten waren.

Es häuften sich die Tage, an denen am Rialtomarkt das Wasser in die Salatkisten schwappte und die Kioske morgens gegen acht noch ohne Zeitungen waren. Ladentüren wurden mit Barrieren geschützt, Gondeln vertäut, man stieg auf Stege. Exakt 101 Male hob sich 1996 der Wasserspiegel um 80 oder mehr Zentimeter, ein absoluter Rekord; der

Höchststand betrug 1,34 Meter. Fast jeden dritten Tag war der Markusplatz überflutet. 1997 war die Lage etwas besser, die kritische Marke von 80 Zentimetern wurde nur noch 79mal überschritten.

Die bösen Winde über der Adria haben mittlerweile leichtes Spiel, denn Venedig ist im Laufe des 20. Jahrhunderts um 23 Zentimeter abgesunken, teils wegen der inzwischen eingestellten Grundwasserentnahme aus dem Lagunenboden, teils durch Bodenverschiebungen, die unter Fachleuten als Eustatismus bekannt sind. Was wird da erst, wenn der Treibhauseffekt sich bemerkbar macht? Die Frage findet in Italien keinen großen Widerhall, auch bei Massimo Cacciari nicht. Wenn in einem neuen Treibhausklima wirklich die Polkappen schmelzen und das Meer sich wirklich heben sollte, »dann ist das das Ende für New York, für Holland, für London – und auch für Venedig«, entgegnet er, an seinem Tischgebirge sitzend. Es sei denn, man riegelt die Lagune ab und legt Venedig trocken. Eine Vorstellung, der natürlich niemand ernsthaft nachgeht.

Kleinere Probleme sind dem Bürgermeister näher, und auch die sind groß genug. Erstmals seit Jahrzehnten wurden in den vergangenen Jahren die 177 innerstädtischen Wasserläufe vom giftbelasteten Schlamm gesäubert, Fundamente und Versorgungsleitungen saniert. Zudem hat der Bürgermeister Alarm geschlagen, daß viele der einmaligen Häuser in ihren unteren Partien vom Salzwasser beschädigt sind und einzustürzen drohen.

Auf Inselgrund und eingerammten Bäumen eine Stadt zu errichten, die im Wasser steht, gibt der Nachwelt eben reichlich Arbeit auf. Um leicht zu bauen, hat man einst reichlich Holz verwandt, das heute alt ist und brennt wie Zunder. Die kunstvoll mit Säulen, Simsen und maurischen Ornamenten verzierten Patrizierpaläste sind zudem verwinkelt und äußerst kostbar, Brandschutznormen sind da kaum einzuhalten, und dem Feuerwehrkommandanten Alfio Pini haben »die Haare zu Berge gestanden«, als er erstmals gewahr wurde, daß seine Löschtrupps in ihren Booten gegen Brände manchmal gar nicht vorrücken können, weil gewisse Wasserläufe wegen der Schlammrückstände bei Niedrigwasser nicht schiffbar sind. So kam es, daß das Feuer, das Ende Januar 1996 das berühmte Opernhaus La Fenice zerstörte, »die gesamte Stadt hineinzuziehen drohte«, wie Pini sagt. Um ein Haar wäre ganz Venedig abgebrannt – ein Alptraum, der den meisten Bewohnern nicht einmal bewußt wurde.

La Fenice steht inzwischen eingerüstet hinter einem Bauzaun, der Spielbetrieb wurde in ein sechshöckriges weißes Zelt auf der Parkhausinsel Tronchetto verlegt, und Massimo Cacciari sagt erleichtert, der Brand sei nicht zum Symbol des Untergangs geworden, sondern zum Fanal der Wiedergeburt. Ein einmaliges Zusammenspiel von Stadt, Regierung, Firmen und anderen Instanzen hat nach den Worten des Bürgermeisters jedenfalls im ersten Jahr nach der Katastrophe Hindernisse jeder Art überwunden, »es ist jeder nur denkbare italienische Rekord geschlagen worden«.

Die Arbeiten für den Wiederaufbau wurden ausgeschrieben, und Massimo Cacciari bekommt in solchen Zeiten an seinem großen Arbeitstisch Besuch von vielen Interessenten, etwa auch von Gianni De Checchi, dem Chef des Handwerksverbandes, der mit einem Kollegen darlegt, daß Venedigs Handwerker Aufträge brauchen, zu ordentlichen Preisen. Was soll der Bürgermeister antworten? »Beruhigt euch«, sagt er. Ausschreibung ist Ausschreibung, die Fachleute entscheiden. Und die Preise. Und die Gerichte. Im Februar 1998 mußten die Bauarbeiten für etwa ein Jahr wieder eingestellt werden, weil einige Firmen, die sich bei der Auftragsvergabe zu kurz gekommen fühlten, dagegen Klage einreichten.

Der Fall Fenice hat Cacciari in diesen Jahren mächtig umgetrieben, anfangs hat er sogar eigene Ermittlungen angestellt. Staatsanwalt Felice Casson kam zu der Überzeugung, daß Brandstifter am Werk gewesen waren. Mehrere Personen sind verdächtig, auch über eine Verwicklung von Mafiagruppen wurde spekuliert, zumal die Stadt sich auch anderweitig mit solchen Gangstern plagt.

Gianfranco Bettin, ein Dezernent in Cacciaris Stadtregierung, der zugleich stellvertretender Bürgermeister ist, wurde im Herbst 1996 eines Abends von einem Unbekannten im Auto überfallen und einer Scheinhinrichtung unterzogen. »Vielleicht war ich ein wenig unvorsichtig«, sagt Bettin heute, während er zwanglos auf dem langen Tisch vor einem Beratungszimmer sitzt, zwei Leibwächter in der Nähe. Der 42jährige hatte öffentlich die Entfernung eines mutmaßlichen Drogen- und Waffenhändlers verlangt, der sich im Stadtteil Marghera umtreibt, einem Hafen- und Industrieareal, das einst 40.000 Arbeitsplätze bot. Jetzt sind es nur noch 12.000.

Auch das ist Venedig, ist seine lichtabgewandte Seite, auf der keine Gondeln kreuzen. Die Kommune, die der Philosoph Cacciari regiert, besteht nicht nur aus dem weltbekannten Altstadtarchipel am Canal Grande mit jenen glanzvollen Fassaden, Bögen, Brücken und Türmen, die sie erscheinen lassen wie ein Relikt aus einer fremden, märchenhaften Zeit. Zu Venedig gehören auch kleinere Inseln wie Murano und Burano sowie eine betongraue Agglomeration auf dem Festland, acht Kilometer nur vom Markusplatz entfernt: Mestre, an dessen Flanke Marghera liegt.

Mestre hat rund 180.000 Einwohner, Alt-Venedig knapp 70.000. Mestre ist das unbekannte Gegenbild Venedigs, Standort von Produktionsanlagen, Hochhäusern, Supermärkten und Diskotheken. Und am Industriehafen von Marghera befindet sich jener riesige Chemie- und Raffineriekomplex, den die Supertanker mit dem Rohstoff Öl beliefern. Von hier gelangt das Gift in die Lagune, im Sommer 1998 legte die Staatsanwaltschaft einen der benutzten Abwasserkanäle vorübergehend still.

In der Lagune fanden Umweltschützer Rückstände von Blei, Zink, Quecksilber, Brom, Dioxin und radioaktivem Phosphorkalk, zum Teil in vielfach über allen Limits liegenden Mengen. Über 150 Arbeiter der petrochemischen Anlagen von Marghera sind in den vergangenen Jahren an Tumoren gestorben, rund vierhundert weitere sind 1998 erkrankt, und 31 Topmanager der Chemieindustrie wurden wegen dieses Skandals vor Gericht gestellt.

Man muß also dieses Mestre samt dem Hafen von Marghera schon sehr lieben, um es schön zu finden, so wie der Advokat Piero Bergamo, 68, ein Heimatforscher, der in seinem Büro Wappen und Wimpel aufbewahrt und stundenlang von seinem Kampf für die Unabhängigkeit Mestres von Venedig erzählen kann. Dreimal hat er Volksentscheide für die Abtrennung durchgebracht, dreimal unterlag er, beim letzten Mal im Jahre 1993 nur sehr knapp. Und natürlich finden alle seither angestellten Erwägungen, das Miteinander der ungleichen Stadtteile akzeptabel zu gestalten, vor seinen Augen keine Gnade.

Bürgermeister Cacciari hat das Konzept einer bipolaren Stadt entwickelt. Zum ersten Mal nach 35 Jahren ließ er einen neuen Generalentwicklungsplan erarbeiten, der das Durcheinanderwursteln der Vergangenheit beenden soll. Mestre und Alt-Venedig sollen demnach einander ergänzen, die Verbindungen zwischen den beiden Teilen der Gemeinde sollen besser werden, vor allem über das Wasser. Venezianer und Touristen sollen unterschiedliche Verkehrsmittel benutzen, damit sie sich gegenseitig nicht im Weg sind.

Das Venedig der Zukunft ist in Cacciaris Vision »eine Hauptstadt des Immateriellen«, dazu ein Handelsknotenpunkt. Die Inselgruppe der Altstadt, eine lärm- und autofreie Zone allerbester Lebensqualität, scheint ihm wie geschaffen als Standort für Kultur, Forschung und Computerkommunikation – gerade jetzt, da die Epoche der internationalen Datennetze dämmert, mit der Venedig so viel besser kompatibel ist als mit dem Industriezeitalter und seinen Fabrikkolossen. Auf die Datenautobahnen kann man auch mit der Gondel auffahren.

Italiens Telecom ist längst dabei, in blauen Röhren Koaxial- und Glasfaserkabel zu verlegen. Hightech ins alte Arsenal, Software in die Renaissance-Paläste – wieso sollten da nicht Turnschuhgenies aus Japan oder Kalifornien anbeißen? »Aus Korea und Singapur gibt es bereits Interesse«, sagt Cacciari, während wir unter Regenschirmen durch die Gassen eilen, unterwegs zu einem philosophischen Gespräch.

Venedig als globales Dorf – auch Touristen sind darin willkommen. Allerdings soll ihre Zahl womöglich auf 20.000 am Tag beschränkt werden, der Bürgermeister denkt an Voranmeldungen wie im Hotel und findet damit Zuspruch. Kein Venezianer liebt die Horden, die um zehn Uhr morgens über die bekannten Trampelpfade einfallen, sich über die Piazza San Marco zum Dom und zum Palast der Dogen wälzen, Glaspferdchen und Karnevalsmasken kaufen, sich von den Händlern gründlich ausnehmen lassen und um 16 Uhr wieder abdampfen. Sie verstopfen nicht nur die Gassen und die Linienschiffe, sondern kippen auch die innere Balance der Stadt. Die Wirtschaft hat sich so einseitig auf den Tourismus ausgerichtet, daß es auch Gästen keinen Spaß mehr macht. Wer zuverlässig einmal schlecht und teuer essen und dabei möglichst unfreundlich bedient und ordentlich geneppt werden will, der ist in Venedig richtig.

Auch die Einheimischen plagen sich mit ihrer Stadt. Die Zahl der Bäcker, Metzger, Lebensmittelhändler und Friseure nimmt drastisch ab, die Glas-Souvenirgeschäfte haben sich in zwanzig Jahren von 250 auf 450 vermehrt. Hohe Transportkosten, hohe Erhaltungskosten für Häuser, hohe Mieten, hohe Preise, hohes Wasser und andere spezifische Beschwerden haben vielen Venezianern ihre Stadt verleidet. Auf den Altstadtinseln betrug die Zahl der festen Einwohner 1951 einmal fast 175.000, Ende 1996 sank sie erstmals unter 70.000. Es gibt mehr Alte als Junge, die Schulen leeren sich, dafür füllen sich die Busse, die täglich zu den Super- und Hypermärkten nach Mestre fahren. »Die Stadt als Stadt stirbt«, sagt Cacciari.

Er aber will sie wiederbeleben, will verhindern, daß sie zu einem mittelalterlichen Disneyland verkommt, einem Lunapark, der nachts in Dunkelheit erstirbt. Ein Kraftakt ohnegleichen wird ihm abverlangt, und Massimo Cacciari glaubt das Seine zu tun mit einer Straffung der Verwaltung, der Privatisierung bestimmter Dienstleistungen, einer ausgeprägten Sozialpolitik und vor allem einer urbanistischen Gesamtplanung.

Naturgemäß findet er nicht nur Zustimmung. »Eine Wende ist noch nicht zu sehen«, sagt der Juwelier Loris Volpato, ein führender Mann im Einzelhandelsverband. »Ich glaube und hoffe, daß die Phase des Niedergangs zu Ende geht«, meint Stefano Falchetta, der Direktor der Hoteliersvereinigung. Und Giancarlo Galan, der Präsident der Region Venetien, ein Mann der rechten Mitte, bemängelt zwar, Cacciari habe zunächst einmal nichts Rechtes zustande gebracht, doch hält er ihm zugute, daß im überbürokratisierten Italien ein Bürgermeister sechs Jahre für Verfahren brauche, die ein Unternehmer in zwei Monaten bewältigen könne.

Daß Massimo Cacciari indes ein Artist des Images und ein guter Repräsentant Venedigs ist, bestreitet keiner. Hochachtung schlägt ihm entgegen, wenn er den Intellektuellen gibt, wenn er etwa zusammen mit dem griechisch-orthodoxen Metropoliten für Italien im alten Kloster von San Francesco della Vigna ein Buch über den mittelalterlichen Theologen Gregorios Palamas vorstellt, zu dem er das Vorwort geschrieben hat. Ein Starauftritt ist das für ihn, und er verblüfft die Mönche und Studiker mit einer ziselierten Deutung des Konzepts der tätigen Muße, Fachausdrücke aus dem Griechischen wie dem Deutschen einstreuend.

Massimo Cacciari liebt die Klöster, manchmal zieht er sich zum Denken dorthin zurück. Manchmal hat er nämlich die Nase gestrichen voll vom öffentlichen Auftreten und Regieren, vom Elend der Verwaltung und der Ohnmacht eines Bürgermeisters. Daß er bei der Kommunalwahl im November 1997 nicht noch einmal kandidieren wolle, hatte Cacciari schon ein Jahr zuvor erklärt.

Es gelüstete ihn so sehr, wieder ausgiebig Bücher zu lesen und zu schreiben. Zudem hatte ihm die Zeitung *La Repubblica* angeboten, 1998 von der Tour de France zu berichten, denn Massimo Cacciari ist ein Radsportfan. Freudig holt er in seinem Amtszimmer ein Foto aus der Ecke, das ihn mit Eddy Merckx in Mestre zeigt.

So einfach aber läßt Venedig, das trotz all seiner Ärgernisse ja noch immer auch eine einzigartige Fasziniation ausübt, seine Bürgermeister nicht los. Nach allerlei Debatten ließ Massimo Cacciari sich 1997 doch dazu drängen, für weitere vier Jahre zu kandidieren. Die Bürger wählten ihn mit 64,6 Prozent der Stimmen wieder.

Aufstand gegen den Big Mac

Aus dem Piemont kommt eine Weltbewegung, die sich dem guten Essen verschrieben hat

Manchen Menschen gibt das Schicksal ihre spätere Berufung schon in früher Jugend ein, und Carlo Petrini ist einer von ihnen. Er wurde geboren in dem Städtchen Bra bei Turin, in einer Gegend, die sich Langa nennt und die weit über die Region Piemont hinaus bekannt ist für ihre erstklassigen Rotweine der Marken Barolo und Barbaresco, für die Trüffeln aus Alba und für gute Nüsse. »Ich erinnere mich, daß mein Großvater den Finger in den Wein tauchte und ihn mir an die Lippen hielt, damit ich davon kosten konnte«, erzählt Petrini grinsend, und er macht dabei keineswegs den Eindruck, als scheine ihm des Großvaters Verhalten im Nachhinein womöglich tadelnswert.

Der Hinweis soll ja nur erklären, wieso ein Knabe aus Bra, der später einen revolutionären Piratensender gründet, der Musikfestivals organisiert und ein linker Agitator wird, in reiferen Jahren zum Gourmet konvertiert. »Ich habe kapiert, daß man mehr Schaden anrichtet, indem man für andere leidet, als indem man für sich selbst genießt«, sagt der bärtige, beleibte Bonvivant. Und ist heute, mit 49 Jahren, in der Lage, als Initiator und Präsident einer internationalen Bewegung für gutes und vernünftiges Essen gewaltige Menschenmassen zu einer einzigartigen Messe des kulinarischen Genusses nach Turin zu locken.

Die Bewegung firmiert unter dem blassen englischen Namen Slow food, obwohl sie durch und durch italienischen Ursprungs ist und die besten Traditionen dieser gastronomischen Großmacht pflegt. Ursprünglich, 1983, nannte sich der Verband, den Carlo Petrini und eine Reihe von Freunden als Untergliederung der großen linken Freizeitorganisation Arci gründeten, ja auch Arcigola, und als solcher zählt er heute in Italien 295 Ortsgruppen und über 25.000 Mitglieder. Politischer Progressismus und Feinschmeckertum lassen sich gerade in Italien eben zwanglos miteinander verbinden, der linke Hedonist Petrini tat es seit 1977 als Gastronomiekritiker der kommunistischen Tageszeitung *Il Manifesto*, des Wochenblatts *L'Espresso* und anderer Gazetten.

Es ist dann 1986 etwas passiert, was die Kulturnation Italien als historische Zäsur empfand: die US-Fast-food-Kette McDonald's eröffnete an der Piazza di Spagna in Rom ein Schnellrestaurant. Dagegen erhob sich öffentlicher Protest, auch Petrini und Konsorten waren dabei, und sie beschlossen, dem Fast food mit Slow food zu begegnen, dem hektischen Verzehr weltweit genormter Hackfleischbrötchen die Besinnung auf die Tradition entgegenzusetzen.

1989 kamen in der Komischen Oper zu Paris rund fünfhundert Gleichgesinnte aus etwa zwanzig Ländern zu einem großen Mahl zusammen und verabschiedeten ein Manifest, in dem das schnelle Essen als Ausdruck eines allzu hektischen Lebens aufgefaßt wurde. Slow food, das langsame, bewußte Essen, soll hingegen den guten Geschmack und die »wahre Kultur« wiederbeleben. Langsamkeit wird zum Merkmal der Lebensqualität, auch bei der Herstellung von Nahrungsmitteln. Und gegen den globalen Einheitsfraß setzt Slow food die Rückbesinnung auf die Reichtümer jeder einzelnen Region. Die Schnecke wurde die Symbolgestalt der Bewegung, und natürlich trägt auch Carlo Petrini sie als Anstecker am Revers.

»Zurück zur Heimat« lautet die Parole gegen den Big Mac, und wie dies konkret gemeint ist, war Anfang November 1998 beim *Salone del gusto* in Turin zu erleben, einer gigantischen Messe, bei der aus 50.000 Flaschen 2500 verschiedene Sorten Wein verkostet wurden und häppchenweise zehn Tonnen Schinken, Wurst und Käse über die Theken gingen. Rund 120.000 Menschen kamen aus ganz Italien und aus anderen Ländern, unter ihnen viele Gastronomen, Bauern, Restaurateure und Lebensmittelhändler. Rund 32.000 von ihnen hatten sich schon Wochen zuvor zu insgesamt 311 verschiedenen »Werkstätten des Geschmacks« angemeldet und erlebten nun, wie Slow food den angenehmen Seiten des Lebens auf den Grund geht.

Man saß dann beispielsweise an langen weißen Tischen vor acht im Halbkreis aufgestellten Gläsern und süffelte acht verschiedene Jahrgänge des piemontesischen *Barolo,* dieweil die Winzer die Beschaffenheit ihrer Böden und die Sonneneinstrahlung der betreffenden Jahre erläuterten. Oder man kostete sechs verschiedene Sorten von *Pecorino* und hörte dazu Erzählungen von den Mühen und Raffinessen der italienischen Schafskäseproduktion. Denn was man nicht weiß, das schmeckt man nicht.

Und wer weiß schon, daß für den *Pecorino* von den sibyllinischen Bergen als Gerinnungsmittel ein Lab aus dem Magen des Lammes dient, das mit Majoran, Serpillo-Thymian, Brombeerschößlingen, Gewürznelken, Muskatnuß, Pfeffer, einem Tropfen Öl und Eigelb vermischt wird? Wem ist geläufig, daß die Schafshirten von Novara di Sicilia am Karneval die Formen, in denen der *Maiorchino* reift, auf der Hauptstraße um die Wette rollen? Und wer hat je von der Kooperative der Nudelmacher von Gragnano bei Neapel gehört, deren altnapolitanische Kreationen höchst phantasievolle Namen tragen: Schnecke, Wolfsauge, Kerze, Ohrfeige oder *zita*, was ein junges Mädchen bezeichnet, das vor der Hochzeit steht? Daß die Hersteller solcher Raritäten ihre Abnehmer finden und gegen die Konkurrenz der Großkonzerne überleben können, ist eines der Ziele, die Slow food sich gesetzt hat. Nicht nur Großveranstaltungen wie der Turiner Genießersalon dienen diesem Zweck, sondern auch die in fünf Sprachen erscheinende Verbandszeitschrift, ferner Wein- und Reiseführer, auch im Internet sind Ezzes zu erhalten unter www.slow-food.com. Die Organisation hat unter der Leitung des Journalisten Petrini eine rege Öffentlichkeitsarbeit entfaltet und sich in weniger als einem Jahrzehnt in 35 Länder ausgebreitet; über 40.000 beträgt die Zahl der Mitglieder, die sich vor Ort in einem sogenannten Convivium organisieren, einer Tafelrunde nach altrömischer Art.

Dort trifft man sich zu fröhlichem Schmausen und Plauschen, aber auch zu praktischer Betätigung etwa im Rahmen des Projektes Arche, das die Erhaltung bedrohter Arten zum Ziel hat. In Deutschland etwa, wo Slow food über zweitausend Mitglieder hat, kümmert sich eine besondere Kommission um die Vermarktung eines seltenen norddeutschen Apfels namens Finkenwerder Herbstprinz und fördert die Wiederaufzucht des Roten Weinbergpfirsichs auf den Steilterrassen der unteren Mosel. In der Zwillbrocker Fenn an der deutsch-holländischen Grenze wurde der Bestand an Moorschnucken von 35 auf sechshundert vermehrt. Slow food stellte Verbindungen her zwischen Schäfern, Metzgern und Restaurants und machte die Sache auch den Feinschmeckern bekannt. »Wir wollen Mittler sein«, sagt Lothar Tubbesing, Mitglied im Vorstand von Slow food Deutschland. Der Inhaber des Lübecker Restaurants Lachswehr hat in Turin ein literarisches Menü aus dem Norden serviert, nach Rezepten aus Thomas Manns Roman »Buddenbrooks«.

Auch der Stuttgarter Starkoch Vincent Klink wirkte mit bei dem Gourmetsalon, desgleichen berühmte Kollegen wie der Katalane Ferran Adrià, der Franzose Michel Trama oder der Italiener Gianfranco Vissani, der seinen Anhängern riet, nach dem Wahren, Echten, Guten in den Rezeptheften von Mama und Großmama zu forschen. Nicht zuletzt bezeugten die Besitzer legendärer französischer Weingüter wie Château d'Yquem und Château Margaux mit ihrer Gegenwart, daß Slow food jenseits aller Ursprungsabsichten inzwischen als Verfechter gastronomischer Qualität allseits anerkannt ist.

Politischer Implikationen ist die Bewegung indes schon deshalb nicht entkleidet, weil falsches Essen gewaltige Folgen hat: nicht nur für die Esser selbst, die davon krank werden, sondern auch für Bauern, Metzger, Winzer oder Köche, also für den Arbeitsmarkt. Fast food provoziert zudem Monokulturen in allen Kontinenten, die damit verbundenen Transporte rund um den Globus schädigen die Atmosphäre, und es geht sogar um das Klima, wenn in den Tropen Wälder gerodet werden, damit mehr Weiden für jene Rinder da sind, die zu immer noch mehr Big Macs verhacksteakt werden sollen. Überdies ist kulturelle Identität bedroht, denn nicht zuletzt bezeichnen ja die Speisen die Eigenarten einer Region oder Nation. Carlo Petrini sagt, nicht einmal die Sprache oder die Geschichte seines Volkes habe mit jedem einzelnen Menschen so viel zu tun wie sein Essen, das ein integraler Teil seines Körpers wird.

Insofern stört es die Epikuräer aus dem Piemont durchaus, daß gutes Essen vielfach zum elitären Privileg der Reichen geworden ist. Der Slow-food-Restaurantführer indes listet nicht die italienischen Spitzenlokale auf, sondern die guten alten Osterien, jene einfachen Traditionsgaststätten, in die das Volk geht. Und schon seit 1995 gibt es auch sogenannte Tafeln der Brüderlichkeit, etwa in Brasilien und Bosnien, wo notleidende Kinder und Erwachsene mit Unterstützung von Slow food regelmäßig zu essen bekommen.

Andererseits verkennen Petrini & Co. keineswegs, daß McDonald's & Co. unter anderem deshalb so erfolgreich sind, weil ihr Essen so billig ist. »Wenn die Leute McDonald's mögen, dann sollen sie ruhig hingehen«, sagt der Präsident. Nur nimmt er für sich und seinesgleichen das Recht in Anspruch, sich dem Big Mac zu verweigern, sich auch gegen die Experimente der Biogenetik zu verwahren und überdies die piemontesische Krummdistel, den Schinken von Sauris im Friaul, den Rogen der sardischen Meeräsche oder den emilianischen Biricoccolo, eine natürliche Kreuzung aus Zwetschgen- und Aprikosenbaum, unter Schutz zu stellen. Solche aussterbenden Kostbarkeiten gehören für ihn »zum kulturellen Erbe unseres Landes, genauso wie eine barocke Kirche oder ein mittelalterliches Schloß«.

»Jeder soll leben, wie er will«, sagt Petrini, der Mann aus Bra. In seinem Heimatort hat nicht nur die italienische Organisation Arcigola, sondern auch die Weltbewegung Slow food ihren Sitz, mitten in der Zone des Wohlbefindens. Und im Stadtteil Polenzo steht ein Palast aus dem vorigen Jahrhundert, in dem im Jahr 2000 die »Akademie des Geschmacks«, eine Art gastronomische Universität, ihre Tätigkeit aufnehmen soll.

Slow food kämpft gegen Fast food mit Qualitätsförderung, eine aufgeregte Feldschlacht gegen den Big Mac liegt Petrini und Genossen fern. Sie wäre ja auch mit den Grundsätzen des wahren Genießers nicht recht vereinbar. Er tut Gutes und ist politisch aktiv, indem er gut und richtig ißt.

Der Avvocato und sein Enkel

Giovanni Agnelli ist als Chef des Fiat-Clans einer der Granden im Land

Die Marotte mit der Armbanduhr hat er auch im Alter nicht abgelegt. Giovanni Agnelli pflegt seinen Zeitmesser nicht auf der Haut am Armgelenk, sondern über der Manschette seines Hemdes zu befestigen. Man kann es immer wieder sehen. Zum Beispiel hatte er einmal nach Turin eingeladen, ins feine Auditorium in der früheren Montagehalle, um das Andenken seines Großvaters zu ehren. Ungezwungen saß er, nachdem er leise und ein wenig heiser seine Ansprache gehalten hatte, auf dem Podium im Licht neben Jacques Delors, dem früheren Präsidenten der EU-Kommission, und Delors fragte ihn nach der Zeit. Sogleich streifte Agnelli den linken Jackenärmel zurück, und am hinteren Ende der Manschette kam die Uhr zum Vorschein, mit braunem Band. Die beiden Herren schauten auf das Ziffernblatt, im Saal die Gäste schauten mit.

Nur einer trägt in dieser Weise seine Armbanduhr, das ist im Heimatland der individualistischen Selbstdarstellung altbekannt. Nur einer läßt gelegentlich die Krawatte über den Pullover baumeln oder bindet den Schlips so, daß unterm edlen Anzugstuch das schmale Ende viel weiter herauslugt als das breite. So viel Extravaganz muß sein.

Die Italiener nennen ihn, weil er in seiner Jugend Jura studiert und die Befähigung zum Advokaten erworben hat, den *avvocato.* Die Anrede, bei anderen als Ausdruck der Standesachtung deutbar, ist in seinem Fall eher eine Untertreibung. Wie wäre auch in einem einzigen Wort die Bedeutung eines Menschen zu fassen, der nicht nur als Autofabrikant und Lebemann eine weltbekannte Größe ist, sondern auch in der Wirtschaft, der Politik und der Öffentlichkeit seines Landes mehr Einfluß hat als mancher hohe Politiker? Wie bringt man eine Persönlichkeit auf den Begriff, die Macht und Leichtlebigkeit, Charme und Reichtum, Draufgängertum und Verantwortung in einer Weise vereint, daß die Medien damit die Phantasien von Millionen Menschen füttern können?

Agnelli als Monarch, als virtueller Erbe derer von Piemont-Savoyen – dies ist die Art von Vergleichen, die hilfsweise bemüht werden. Zusammenwirkend haben die Facetten, in denen das Phänomen Agnelli schillert, einen nationalen Mythos hervorgebracht. Drum war es auch ein Ereignis von hohem Rang, als Giovanni Agnelli am 12. März 1996 das 75. Lebensjahr vollendete und sich von der aktiven Führung des Fiat-Konzerns zurückzog. Und ebenso ist der hundertjährige Geburtstag der Firma im Juli 1999 ein Datum, das einen Platz in den Annalen Italiens hat.

Es bedurfte nicht des Jubiläums, um den Mythos in historische Dimension zu dehnen. Die Agnellis sind eine Dynastie, insofern war Geschichte längst ein Teil ihres Selbstverständnisses. Als Gründervater figuriert Giovanni Agnelli der Ältere, ein Kavallerie-Offizier und Sohn piemontesischer Grundbesitzer, die sich unter anderem von der Seidenraupenzucht ernährten. Er hatte 1898 zusammen mit Freunden die *Fabbrica Italiana Automobili Torino* gegründet, kurz Fiat genannt. Der Alte war der Großvater von Giovanni Agnelli, auch er in seiner Zeit ein Grande seines Standes und seines Landes, vom Faschistenführer Benito Mussolini zum Senator ernannt. Noch heute nennt man ihn bei Fiat zwecks Unterscheidung vom *avvocato* den *senatore*, wenngleich der Enkel 1991 ebenfalls diesen Ehrensitz in der zweiten Kammer des Parlaments erhielt.

Es war eine ungewöhnliche Affinität, die Großvater und Enkel verband. Eduardo Agnelli, der Sohn des einen und Vater des anderen, kam 1935 als 43jähriger bei einem Unfall mit einem Wasserflugzeug im Hafen von Genua ums Leben. Er hinterließ seine Ehefrau, die eigenwillige Virginia Bourbon del Monte, Fürstin von San Faustino, mit sieben Kindern: Clara, Giovanni, Susanna, Maria Sole, Cristiana, Giorgio und Umberto. Giovanni, der Zweitälteste, beim Tod des Vaters 14 Jahre alt, wurde vom Großvater als künftiger Unternehmensführer und Chef des Familienclans ausersehen und in besondere Obhut genommen. Mit 23 Jahren wurde Giovanni II. unter Giovanni I. Fiat-Vizepräsident.

Der Enkel hat nie verborgen, daß diese Konstellation ihn mit besonderer Zuneigung zum Großvater erfüllt hat. Zwar wird man gefühlige Töne oder gar Selbstgefälligkeit in den raren Interviews, in denen er sich über den Alten geäußert hat, vergebens suchen. Aber kurz vor seinem eigenen 75. Geburtstag hat er dem Ahnvater eine außerordentliche Gedenkfeier inszeniert, weil ein Aufsatz des *senatore* aus dem Jahre 1918 über ein gemeinsames Europa neu aufgelegt worden war. Jacques Delors war einer der Festredner, der Ort der Handlung war das Auditorium im legendären *Lingotto*, der zum schicken Konferenzzentrum umgebauten Fiat-Fabrik von 1920.

Und zuvor, als sich vor Weihnachten 1995 zum fünfzigsten Mal der Tod des Fiat-Gründers jährte, hatte sich die gesamte Sippe, weit über hundert Köpfe stark, in dem Dorf Villar Perosa bei Turin versammelt. Dort steht das Stammhaus der Agnellis, eine herrschaftliche Villa, dort war Giovanni Agnelli 35 Jahre lang Bürgermeister, wie Großvater und Urgroßvater, dort sind die Ahnen des Clans begraben. Man ging zur Messe und zu den Gräbern und man tafelte; nur Susanna, die damals italienische Außenministerin war, fehlte wegen dringender politischer Termine.

Susanna Agnelli hat vor Jahren ein auch im deutschen Sprachraum gut verkauftes Buch mit dem Titel »Wir trugen immer Matrosenkleider« geschrieben, das den Agnelli-Mythos um eine detaillierte Darstellung der wilden Kindheit der sieben Geschwister bereicherte. Man liest von der englischen Gouvernante (»Don't forget, you are an Agnelli!«), der amerikanischen Großmutter, der exzentrischen Mutter, die zeitweilig eine Liaison mit dem noch exzentrischeren Dichter Curzio Malaparte pflog. Und dann: wie die Mutter mit dem Großvater um das Sorgerecht für die sieben Kinder prozessierte; wie der Großvater die Kinder aus dem Zug holen ließ und die Mutter Mussolini einschaltete; wie Giovanni seine Mitschüler und Lehrer traktierte; wie die Halbwüchsigen in einer Villa an der Côte d'Azur halbnackt Ananas mit Champagner soffen; und ja, die Amouren …

Außer Giorgio, der krank war und jung starb, haben alle Agnellis Adlige geheiratet. Giovanni schloß 1953 die Ehe mit Marella Caracciolo di Castagneto, der Tochter eines Florentiner Fürsten und einer Amerikanerin. Und er geisterte zuvor durch die Tratsch-Gazetten als Paradeexemplar jener lebensgierigen Playboys, die inmitten schöner Frauen auf Yachten, in Villen und in Cabriolets das Leben genossen, Filmschauspielerinnen zum Souper einluden und mit großen Männern Freundschaft schlossen, den Onassis, Rockefellers, Kennedys.

Auch das ist Teil des Mythos, und ein wenig hat Giovanni Agnelli von dieser Lebensart beibehalten. Zwischen der Wohnung in New York, den Freunden in Paris, der Villa in St. Moritz und dem Büro am Corso Marconi in Turin zu pendeln, ist ihm eine alte Gewohnheit. Sprachenkundig gleitet er über Grenzen, erlebnishungrig wirft er sich in den Hubschrauber, um vor dem Mittagessen rasch noch einmal Ski zu fahren oder im Meer zu baden. Vittorio Morero, der Chef der Heimatzeitung *L'Eco del Chisone*, weiß zu erzählen, daß Agnelli einmal eigens für ein Fußballspiel von New York herflog ins Heimatdorf Villar Perosa. Dort findet jedes Jahr ein Match von Juventus Turin statt, der einer der besten Fußballclubs Italiens ist und seit Jahrzehnten den Agnellis gehört. Nach der Partie kehrte der Chef schnurstracks nach New York zurück.

Unruhe ist in ihm. Er fröne »einem etwas infantilen Narzißmus«, hat seine Frau einmal erklärt. »Er hat nie ›wir‹ gesagt, sondern immer nur ›ich‹.« Dem früheren Turiner Bürgermeister und vormaligen Kommunisten Diego Novelli erschien der *avvocato* als ein überaus neugieriger Mensch, der viel fragt, aber kaum die Antwort abwarten kann.

Im ganzen überwiegen positive Urteile, auch da, wo es um den Firmenboß Agnelli geht. »Man findet wenige Arbeiter bei Fiat, die schlecht reden von ihm«, sagt Renzo Caddeo, ein langjähriger Fiat-Werker und Funktionär der linken Gewerkschaft CGIL. »Er ist ein normaler Mensch, sensibel für soziale Probleme.« Wenn die Arbeiter klagen, dann über Cesare Romiti, den machtbewußten früheren Geschäftsführer von Fiat, der nach den Jahren der

Klassenkämpfe und des Chaos in den Fiat-Fabriken 1980 Massenentlassungen durchsetzte und die verlustreiche Firma unter Schmerzen sanierte.

Agnelli hat bewegte Zeiten erlebt, nachdem er 1966 als Präsident die Führung des Unternehmens übernommen hatte. Es gab da neben dem Terror der »Roten Brigaden«, für die Fiat als Symbol des Großkapitals das Hauptangriffsziel war, den Privatkrieg autonomer Betriebsgruppen und den Skandal um die politische Ausforschung der Beschäftigten durch die Firma. Es gab den Wirbel um den späteren Olivetti-Eigner Carlo de Benedetti, der 1976 fünf Monate lang Fiat-Geschäftsführer war, dann aber alles hinwarf und erklärte, die Agnelli-Brüder Giovanni und Umberto hätten das Unternehmen desaströs geführt. Es gab das Aufsehen um die Fiat-Fabrik im sowjetischen Togliattigrad und die Aufregung um eine Beteiligung Libyens am Konzern, die man 1986 teuer zurückkaufte.

Heute hält die Familien-Holding der Agnellis, in der Giovanni vom Großvater dreimal soviel zugeteilt bekam wie seine Geschwister, nur noch rund ein Drittel der Fiat-Aktien, doch übt sie im Zusammenspiel mit anderen Großaktionären – der Mediobanca, der Deutschen Bank und dem Versicherungskonzern Generali – noch immer die Kontrolle aus; die meisten Aktien sind weit gestreut.

1090 Firmen in 63 Ländern gehören zum Konzern, der nach wie vor Italiens größtes Privatunternehmen ist und in der Weltrangliste um Platz vierzig notiert ist. Rund 230.000 Beschäftigte produzieren nicht nur Autos der Marken Fiat, Ferrari, Alfa Romeo, Lancia oder Iveco, sondern auch Mähdrescher, Flugtechnik, Schnellzüge, Rüstungsgüter, Roboter, Lebensmittel, Chemikalien und Cinzano. Die Kaufhauskette Rinascente gehörte ebenso zum

Imperium wie diverse Bau-, Finanz- und Immobilienfirmen. Nicht zuletzt kontrollieren die Agnellis zwei der wichtigsten italienischen Zeitungen, den *Corriere della Sera* und *La Stampa*, weshalb den *avvocato* immer wieder mal der jeweils amtierende Ministerpräsident anruft, wenn ihn diese Blätter kritisieren. Kritik am *avvocato* oder an der Firma Fiat sollte man in diesen Gazetten besser nicht suchen.

Die Verfügung über Medien, die Zahl der Beteiligungen, die Größe des Ganzen und der diskrete Umgang mit all diesen Möglichkeiten sind es, die dem Agnelli-Clan seine Bedeutung geben. Italiens First Family ist zum Prototyp des italienischen Kapitalismus der großen Familien geworden. Ein »Spinnennetz der Macht« ortete der amerikanische Journalist Alan Friedman, der ein kritisches Buch über den *avvocato* geschrieben hat und es danach mit vielen Advokaten zu tun bekam, wie er scherzt. Der frühere sozialistische Außenminister Gianni De Michelis hat das Land einmal mit einer Pyramide verglichen, an deren Spitze Fiat stehe. Und ganz oben also Giovanni Agnelli.

Er verkörpert neben vielem anderen auch Kontinuität in einem Land, dem der rasche Austausch des Führungspersonals, jedenfalls in der Regierung, zur Regel geworden ist. Ministerpräsidenten kommen und gehen, Agnelli bleibt. Er traf sie alle, und wenn er sich über sie äußert, dann nicht in jedem Fall respektvoll. Wie Präsidenten eines Schachclubs hätten christdemokratische Regierungschefs sich früher abgewechselt, sagte er.

Aus dem politischen Grabenkampf der Parteien hat er sich stets herausgehalten, Kontakte nach allen Seiten pflegend. In den USA hätte sich der Meister nach eigenen Worten den Demokraten, nicht den Republikanern zugeschlagen. Seinen römischen Wohnsitz hat er auf dem Quirinalshügel genommen, gegenüber dem Palast des Staatspräsidenten. Dem Präsidenten Oscar Luigi Scalfaro sagte er einmal, »daß ein Mann, wenn er siebzig Jahre alt wird, sich besser davonmachen sollte«. Scalfaro widersprach. Er war damals 77 und hatte noch vier Jahre Amtszeit vor sich.

Agnelli selber gab zwar an seinem 75. Geburtstag die aktive Führung des Unternehmens ab, doch zog er als Ehrenpräsident weiterhin im Hintergrund die Fäden. Auch die Regelung der Nachfolge machte er zu seiner Sache, und dies war keine einfache Aufgabe. Sein jüngerer Bruder Umberto zog sich unter dem Eindruck kritischer Urteile über seine Führungsqualitäten auf die Familien-Holding zurück. Sein Sohn Eduardo, durch Mystizismen und Drogenaffären aufgefallen, kam nicht in Frage. So verständigte sich die Familie 1996 darauf, Umbertos Sohn Giovanni Alberto Agnelli an die Spitze zu stellen, einen damals 32jährigen Manager, der sehr erfolgreich den (nicht zum Konzern gehörenden) Zweiradhersteller Piaggio leitete und auch im Fiat-Vorstand Sitz und Stimme hatte.

Indes machte – wie im Falle von Agnellis Vater Eduardo – ein tragisches Unglück alle Pläne zunichte. Giovanni Alberto starb im Dezember 1997 an einem Krebsleiden, das ihn binnen weniger Monate dahinraffte. Und eine Woche später stellte der Patriarch dem erstaunten Publikum einen wachen, schmalen jungen Mann mit dunklem Haar und sensiblen Gesichtszügen als den zukünftigen Führer des Familienverbandes vor: John Elkann, 21 Jahre alt, den Sohn von Agnellis Tochter Margherita aus ihrer ersten Ehe mit dem aus Frankreich gebürtigen Journalisten Alain Elkann. Agnellis Enkel also.

Der Junge liebt den Fußball und Juventus Turin. Das paßt zu den Gepflogenheiten der Dynastie genausogut wie seine Begeisterung für Autorennen der Formel 1, insbesondere für die Marke Ferrari natürlich, die zur Firma gehört. John Elkann, in New York geboren und großenteils in Paris aufgewachsen, spricht mehrere Sprachen fließend und studiert inzwischen unter der Obhut des Großvaters am Polytechnikum in Turin. Sein Fach nennt sich *ingegneria gestionale* und wäre in deutsch als Wirtschaftsingenieurswesen zu bezeichnen. Es ist also genau das, was ein werdender Unternehmer aus der Metallbranche braucht.

Der Eleve hat bereits im Sommer 1996 als Arbeiter bei der Fiat-Tochter Magneti Marelli im britischen Birmingham einen Monat lang Fabrikluft geschnuppert. Ein Jahr später absolvierte er eine Ausbildung bei Fiat Auto in Polen. Als er im Dezember 1997 auf Geheiß des Großvaters in den Verwaltungsrat und den Vorstand der Fiat AG berufen wurde, sah der Alte Anlaß für ein paar erläuternde Bemerkungen. »Er ist jung, aber er hat schon gezeigt, daß er bemerkenswerte Fähigkeiten und moralische Gaben besitzt«, erklärte Giovanni Agnelli. Und fügte hinzu: »Ich hatte, als ich im Jahre 1943 zum erstenmal in den Verwaltungsrat von Fiat kam, genau das gleiche Alter.« Mehr brauchte der Mann, der Italiens größtes Industrieimperium mit großem Erfolg durch ein halbes Jahrhundert gesteuert und vergrößert hat, dazu nicht zu sagen.

Der Junge fährt übrigens privat ein Auto der Marke Fiat. Es ist ein Geschenk vom Großvater.

Bella figura mit langen Socken

Kleine Handreichung über die Regeln männlicher Eleganz

Der elegante Herr trägt niemals eine Jacke mit nur einem Rückenschlitz. Entweder wählt er das klassische Modell, das nach Altväterart am Rücken ungeteilt und deshalb etwas eng ist, oder die Version mit zwei seitlichen Öffnungen. Einfach geschlitzt hingegen kommt, obwohl bequem, nicht in Frage: Setzt man sich, so öffnet sich der Schlitz, und das ist unter ästhetischen Gesichtspunkten nicht hinnehmbar. Drum wird der einfache Rückenschlitz, sagt Giorgio Mendicini, »nicht von ungefähr in Italien zumindest bisher praktisch ignoriert«.

Kauft sich Signor Mendicini eine Jacke, so achtet er auch darauf, daß die Ärmellänge es der Hemdmanschette erlaube, um ein adäquates Maß unter dem Futter hervorzulugen. Bei ausgestrecktem, herabhängendem Arm sollte dieses Maß einige Millimeter betragen; beugt man den Ellenbogen und führt die Hand in Magenhöhe, sollte der Überstand eine halbe Daumenbreite oder wenig mehr ausmachen, circa 1,3 Zentimeter. Giorgio Mendicini, Redakteur der italienischen Nachrichtenagentur Ansa, muß es wissen: Er hat sich durch ein Buch über männliche Eleganz mit dem Titel *L'eleganza maschile* als Experte ausgewiesen.

Nun ist dies ein Fachgebiet, in dem keine Dogmen gelten, sondern der persönliche Geschmack, in diesem Fall der *gusto classico* des bürgerlichen Herrn, der überwiegend Anzug trägt, und zwar niemals an zwei aufeinanderfolgenden Tagen denselben; der in der Brusttasche nicht Filzstift oder Brille aufbewahrt, sondern ein seidenes oder leinenes Einstecktuch, welches farblich diskret mit Krawatte und Hemd kollaboriert.

Signori, die sich so kleiden, sind in Italien öfter anzutreffen als in anderen Ländern. Mehr als zweitausend Jahre ästhetischer Erziehung und Übung prägen nicht nur die Säulenszenarien antiker Foren, sondern auch das Alltagsleben. Mag die heutige Baukunst auch darniederlegen, mag mancher Fleck Natur verschandelt sein und manches Hochhaus häßlich wie anderswo – es dominieren doch in den alten Städten immer noch Schönheit und Eleganz, Formensinn und der hinreißende Schwung, mit dem etwa ein Kellner das Tablett absetzt. Schönheit, *bellezza,* hat auf der Apenninhalbinsel eine Heimat, und *bella figura* zu machen, ist ein Leitmotiv sozialen Daseins.

Jedem Reisenden fällt rasch auf, daß Italiener auf ein gepflegtes Äußeres größten Wert legen. »An italienischen Maßstäben gemessen, kleidet sich die große Mehrzahl der Ausländer mehr oder minder barbarisch«, bemerkt treffend der deutsche Forscher Christoph Hennig in einer Mentalitätsstudie. Barbaren aber machen in Italien nicht *bella* sondern *brutta figura,* »mit der falschen Krawatte, mit rohem Gesang im Café oder Badekleidung im Restaurant – klassische Fehler der ausländischen Feriengäste«, wie Hennig fortfährt. »Nur sagt es ihnen keiner: unhöfliche Direktheit verträgt sich nicht mit *bella figura.*«

Kleider machen Leute – es könnte ein italienisches Sprichwort sein, und natürlich ist es kein Zufall, daß gerade die Mode zu denjenigen Branchen zählt, in denen italienischer Schöpfergeist weltweit Maßstäbe setzt. Drum ist Giorgio Mendicinis Buch nicht nur ein »praktischer Führer zur perfekten Garderobe«, wie es im Titel heißt, sondern auch ein völkerkundliches Vademecum in einer Welt, in der Hemden maßgeschneidert werden (nicht übermäßig teuer übrigens) und durchnäßte Borsalino-Hüte mit etwas Dampf und Daumendruck in ihre alte Form zurückkehren.

Den Borsalino trägt der elegante Herr natürlich niemals mit Bordüre oder gar Fasanenfeder, einen blauen Borsalino setzt er nicht zur Landpartie auf, Texashüte oder Schirmmützen sind ihm ohnedies ein Greuel. Wer *vestito di tutto punto,* untadelig gekleidet sein will, meidet auch Zweireiher, deren Vorderteile unten abgerundet sind, ferner Jacken der Farben hellgrün, pflaumenbraun und langustenrosa sowie Jacken mit Fischgrätmuster und geblümtem oder kariertem Innenfutter. Nie würde auch ein echter Herr das letzte Knöpfchen am Jackenärmel aufknöpfen, nur um erkennen zu lassen, daß sein Modell maßgeschneidert ist.

Auch in scheinbar nebensächlichen Belangen kann man Todsünden begehen. Für Socken etwa gilt eine eiserne Regel: Sie müssen die gesamte Wade bedecken, Ausnahmen gelten nur für den Tennisdreß und den Tropenanzug. »Als unakzeptabel erachtet der moderne Regelkanon des guten Geschmacks den Anblick der behaarten Wade eines Individuums in langen Hosen, das mit gekreuzten Beinen dasitzt«, schreibt der Autor Mendicini – ein Satz wie ein Naserümpfen. Da ist er sich mit dem berühmten römischen Modeschöpfer Valentino Garavani völlig einig. »Kurze Socken«, hat der gesagt, »das ist das Schlimmste.«

Wallfahrt zur Diktatorengruft

Mussolinis Heimatdorf Predappio zieht noch immer alte Kameraden an

Dieses Ende: An den Füßen haben sie ihn damals aufgehängt, zusammen mit fünf anderen Großfaschisten und mit Clara Petacci, seiner jungen Geliebten. Ein Bild davon hat der Uhrmacher in seiner Sammlung. Hurtig geht er die drei Schritte vom Verkaufstresen zu dem ältlichen Tresor, auf dem ein Stapel Folianten lastet, greift einen abgenutzten Band heraus und blättert die dort abgedruckten Fotografien auf; auch die bekannte Szene vom Piazzale Loreto ist zu sehen. Auf diesem Platz in Mailand stellten Partisanen des antifaschistischen Widerstands, nachdem sie Benito Mussolini und Konsorten auf der Flucht in die Schweiz am Comer See gefaßt und erschossen hatten, deren Leichen am 29. April 1945 vor Tausenden von Menschen zur Schau. Kopfunter hingen sie von einem Balkengerüst herab, die Arme totenstarr zur Erde ausgestreckt, die Kleidung grotesk verrutscht. Den, der sich *Duce* nannte, hatte man an seinen schwarzen Stiefeln aufgeknüpft, sein Mund stand offen.

Giuseppe Menghi, der Uhrmacher, verscheucht den Schauder dieses Anblicks rasch, indem er einen Witz einwirft, der für ihn untrennbar diesem Foto zuzugehören scheint. »Wir sagen: Er ist aufgehängt worden an den Füßen, und es ist keine einzige Lira aus seinen Taschen gefallen. Wenn wir die heutigen Regierenden aufhängen würden, dann würde viel Geld aus ihren Taschen fallen.« Giuseppe Menghi ist 68 Jahre alt, und wenn er von damals redet, dann von den Zeiten, »die sie die schlimmen nennen, die für mich aber die besseren waren«. Als einen Mann der Rechten sieht er sich, der »anständigen Rechten«, und dies schließt für ihn nicht aus, daß er neben Armbanduhren oder Ohrgehängen in seinem unscheinbaren Laden auch Büsten und Medaillen feilhält, die allesamt in edler, starker Pose und keineswegs in aufgehängtem Zustand den einen zeigen: Benito Mussolini. Wie dies? Nur weil der Laden, wie das Leben es so fügt, an der Hauptstraße von Predappio liegt?

Predappio ist freilich, was den Faschismus und den Duce betrifft, ein besonderer Ort. In diesem rund 3200 Einwohner zählenden Dorf, an der Strecke von Ravenna nach Florenz in den hohen Hügeln der Romagna gelegen, ist Benito Mussolini am 29. Juli 1883 geboren, als Sohn der Dorfschullehrerin und des Schmiedes, der ein Sozialist war. In Predappio ist Mussolini auch beerdigt. Seine sterblichen Überreste, vom Mailänder Piazzale Loreto aus zunächst an geheimen Ort verbracht, wurden 1957 freigegeben und in sein Heimatdorf geschafft. Auch dies hat der Uhrmacher in seiner Sammlung festgehalten, ganze Zeitungsseiten hütet er, in Nylonfolie gehüllt, wie Kostbarkeiten.

Alfredo Ferrini, auch er ein Bürger von Predappio, war damals selbst dabei. Es gibt das Foto, wie er mit anderen die Gebeine Mussolinis in einer groben Holzkiste auf den Friedhof schleppt, und wer heutzutage diesen Friedhof betritt, fällt ihm leicht in die Hände. Siebzig Jahre alt nun, stachelbärtig und redselig, wie nur ein selbsternannter Fremdenführer es ist, drängt Alfredo Ferrini sich auf mit seiner großäugigen Ehrfurcht vor der Größe dessen, den er nur den Duce nennt. »Das hat alles, alles der Duce gemacht«, sagt er und zeigt über den

Friedhof mit den backsteinernen Bögen und auf die Krypta. »Ein historisches Werk.«

Und der Besucher stutzt und staunt. Ist das die Art, in der Italien mit seiner faschistischen Vergangenheit umgeht? Alfredo Ferrini geht voran in die Krypta hinab, in der *Er* ruht. Vater, Mutter, Frau und Tochter, Schwägerin und Bruder teilen mit *Ihm* diese Gruft. Mussolinis kahle Büste ist zu sehen, daneben eingemeißelt jene Rutenbündel mit dem Beil, die im alten Rom das Hoheitszeichen der Staatsgewalt waren und von Mussolini als Symbol des Faschismus benutzt wurden. In Wandschreinen ausgestellt sind *Seine* Stiefel, *Seine* Uniformhose, *Sein* schwarzes Hemd. Ein steinernes Kästchen, erläutert Alfredo Ferrini, enthalte ein Stück von *Seinem* Hirn.

Kein Zweifel, diese Gruft atmet auch mehr als ein halbes Jahrhundert nach seinem Tod noch tief den Geist des Diktators, der sie sich in den dreißiger Jahren hat bauen lassen. Und viele der Besucher, die herabsteigen, scheinen ihn noch heute innig zu verehren, ausweislich des Gästebuchs, das auf einem Betstuhl vor dem Sarkophag ausliegt und sich rasch füllt. Bis zu achtzig Menschen tragen sich an manchen Tagen ein, an Sonntagen zumal, meist Italiener, vereinzelt auch Deutsche. »Du bist das Licht, das uns führt«, schreiben sie, und: »Nur du könntest das Theater der italienischen Politik zähmen.« Oder: »Duce, steh wieder auf.« Zu lesen ist auch einer von Mussolinis großmäuligen Sprüchen: »Lieber einen Tag wie ein Löwe leben als hundert Tage wie ein Schaf.«

Frische Blumen stehen im Raum, ein altes Paar tritt ein, die Frau bekreuzigt sich. An der Ausgangstreppe haben Veteranenregimenter sich verewigt, und man weiß nun, daß zu den italienischen Realitäten nicht nur jene offiziellen Feiern zählen, mit denen jedes Jahr am 25. April der Befreiung vom

Faschismus gedacht wird. Draußen im Sonnenschein erzählt Alfredo Ferrini, er habe, Jahrgang 1924, als Kind einmal beim Ballspiel den Duce gesehen. Und teilt mit, daß am Ortsausgang sich ein Geschäft befinde, geführt von seinem Sohn, mit schönen Souvenirs vom Duce.

Eigentlich hat die Gemeinde es ihm verboten, am Friedhof für diese Andenken zu werben, und Alfredo Ferrini hat schon saftige Strafen zahlen müssen. Denn Predappio will nicht als Faschistendorf in Verruf kommen, auch wenn es seine Bekanntheit und heutige Gestalt niemand anderem verdankt als Mussolini. Seit 1945 indes waren nur Kommunisten und Sozialisten Bürgermeister der Gemeinde, stets war die Linke in der Mehrheit, wie in der ganzen Region Emilia Romagna. Längst ist die Hauptstraße, vordem Viale Benito Mussolini, nach Giacomo Matteotti benannt, dem mutigen Sozialistenführer, der 1924 Mussolinis Gewaltherrschaft anprangerte und deshalb von den Faschisten ermordet wurde, das bekannteste von vielen tausend Opfern.

Gleichwohl ist Predappio seit Jahrzehnten ein Pilgerziel für Altkameraden oder Jungfaschisten, die jeweils zu Mussolinis Geburtstag oder Todestag zu mehreren Tausenden ans Grab zogen. Manche schwenkten Fahnen, manche hoben die Hand sogar zum sogenannten »römischen Gruß«, der in Deutschland als Hitler-Gruß bekannt ist. In Italien sind derlei Spektakel nicht verboten, vermutlich deshalb, weil das Verbieten italienische Art nicht ist und weil sowieso in Italien nach einem Witzwort alles erlaubt ist – auch, was verboten ist. Es ist erlaubt, in Predappio Andenkenläden zu eröffnen, die das bescheidene Angebot des Uhrmachers Giuseppe Menghi weit hinter sich lassen.

In den Schaufenstern von »Patriot Souvenir« zum Beispiel findet man nicht nur den Duce, in Bronze modelliert, mit Kahlschädel, mit Helm oder als Reiter, römisch grüßend, sondern auch massige Koppelschlösser, Uniformjacken und schwarze Stiefel. Und »Predappio Tricolore« offeriert neben Büsten oder einschlägig verzierten Feuerzeugen und Krawatten auch Nachbildungen der bekannten Rutenbündel, die auf lateinisch *fasces* heißen und dem Faschismus seinen Namen gaben.

Doch gibt es in Predappio genügend Leute wie den Historiker Mario Proli, die derlei Geschäftemacherei mit der Nostalgie als »unanständiges Spektakel« empfinden. Der 26jährige Kommunalpolitiker, ein Parteigänger der linken Mitte, der in der Gemeindeverwaltung für Kultur verantwortlich zeichnet, verwahrt sich engagiert gegen den Verdacht, die Schaufenster brächten eine allgemeine Gesinnung zum Ausdruck. »Genau das Gegenteil ist der Fall.«

Man streitet sich im Dorf darum, wie Predappio Nutzen aus Mussolini ziehen könne, wo nun einmal jedes Jahr 200.000 Besucher anreisen, nur etwa zur Hälfte politische Nostalgiker. Touristische Entwicklungspläne sehen vor, in Mussolinis Geburtshaus, von dessen Wänden sich besonders Versessene mitunter Mauerkrumen in ein Säckchen kratzen, ein Verzeichnis aller Bücher über den Duce unterzubringen und auch andere historische Gebäude für kritische Befassung mit dem Faschismus herzurichten. »Wir wollen einen Tourismus, der verbunden ist mit einem historischen und kulturellen Interesse«, sagt Bürgermeister Ivo Marcelli, ein 44jähriger Lebensmittelhändler, der der demokratischen Linkspartei angehört.

Der Zustrom wächst seit Jahren stetig, doch hat

er nach Meinung des Bürgermeisters nichts zu tun mit dem Erstarken der Nationalen Rechten, die 1994 unter Silvio Berlusconi an der Regierung beteiligt war. Oft suchen auch Touristen, die bei Rimini Urlaub an der Adria machen, in Predappio nur ein bißchen Abwechslung vom Strandleben.

Sofern sie an »Enelise« geraten, finden sie dort Nachdrucke und Karten, die durchaus informativ sind. Wer aber, die Empfehlung des alten Ferrini im Ohr, am Ortsausgang den Laden von Ferrini junior betritt, dem kann es passieren, daß er auf gut deutsch mit »Sieg Heil« begrüßt wird, wenn er sich als Deutscher zu erkennen gibt. »Predappio ist eine der zehn berühmtesten Städte der Welt«, sagt grinsend Ferrini junior, »im Guten wie im Bösen.« Fahnen und T-Shirts hat der 41jährige im Angebot, Buttons der Nationalen Rechten von heute – und auch Anstecknadeln mit den Insignien von Mussolinis Nationaler Faschistischer Partei (PNFG), die in Italien nun wirklich verboten ist.

Auch Bücher sind vorrätig, so das Werk eines gewissen A. Hitler mit dem Titel »La mia battaglia« (was bedeutet: »Mein Kampf«). Ferrini junior scheint zum Diskutieren aufgelegt, über die Zahl der Toten in Auschwitz beispielsweise, und zum Scherzen: »Wenn ich an der Macht bin, mache ich Sie zu meinem Korrespondenten aus Deutschland.« Zum Abschied hebt er die rechte Hand zu jener Geste, die wir von Hitler wie von Mussolini kennen.

Doch sollte da keine Verwechslung aufkommen. Man hört es oft in Predappio, und es ist ja auch wahr, daß Mussolini kein Verbrechen wie Auschwitz begangen hat. Uhrmacher Menghi hat seine Gründe, warum er aus einem großen Mussolini-Foto den Herrn Hitler einfach herausretuschiert hat, und Sergio Moschi sagt: »Mussolini wurde von den Italienern geliebt, während Hitler von den Deutschen vor allem gefürchtet wurde.« Und es gibt noch viele andere Unterschiede, sagt er.

Sergio Moschi ist Präsident der örtlichen Sektion der *Alleanza Nazionale*. Seit 1960 war er Mitglied in der neofaschistischen Partei MSI, aus der die *Alleanza Nazionale* hervorgegangen ist. Der 63jährige ist ein belesener Mann, der Europa nicht von Coca-Cola beherrscht wissen will, und er findet diese Souvenirgeschäfte häßlich und geschmacklos. Aber verbieten? »Wenn Sie etwas verbieten, dann interessiert sich der Italiener erst recht dafür«, sagt er abwinkend.

Drei Stunden sitzen wir in seinem Büro vor der italienischen Fahne, diskutierend, plaudernd, und Sergio Moschi erzählt, seine besten Freunde im Dorf seien alle Antifaschisten. Sein Vater, inzwischen verstorben, war einst der Faschistenchef von Predappio und außerdem ein Neffe von Mussolinis Frau Rachele, auch Mussolini hat er gut gekannt. Nur heute, Mussolini und die Nationale Allianz – »ihr Journalisten müßt unterscheiden zwischen der Figur Mussolini und der aktuellen Politik«, sagt Moschi, und es bebt in seiner Stimme ein gewisser Zorn, »das hat nichts miteinander zu tun.«

Es ist nur so, daß beim Hinausgehen aus dem Büro der *Alleanza Nazionale* in Predappio der Blick auf eine Seitenwand fällt, an der, in Gold gerahmt, das Bild eines schneidigen Mannes in Uniform hängt. Es zeigt Benito Mussolini.

Politik mit Todesfolge

Das italienische Gesundheitswesen ist lebensgefährlich

Es gab Mäuse im Operationssaal, also stellte man Mausefallen auf. Und in eine Abteilung für Intensivtherapie, wo Herzkranke nach der Operation gepflegt werden, drang einmal ein Kater ein, der auf das Beatmungsgerät kletterte. So sollte es nicht zugehen in einem Krankenhaus, und so sollte es nicht weitergehen in der Poliklinik Umberto I. in Rom. Als das Universitätskrankenhaus, mit 2344 Betten und rund 1700 Ärzten eines der größten Hospitäler in Europa, drum im Juli 1998 unter den Sequester der Justiz gestellt wurde, war der Skandal groß. Wieder einmal fiel ein grelles Licht auf den katastrophalen Zustand des Gesundheitswesens in Italien.

Krank zu werden ist in diesem Land doppelt schlimm. Immer wieder werden spektakuläre Fälle von Schlamperei und Inkompetenz bekannt, immer wieder sterben Menschen, weil Ärzte und Krankenschwestern versagen oder am organisatorischen Chaos scheitern. Immer wieder ist von haarsträubenden Mißständen zu berichten. In der Poliklinik Umberto I. etwa verloren im April 1998 vier Menschen das Augenlicht, nachdem sie sich einer relativ harmlosen Operation des grauen Star unterzogen hatten. Sie waren im Operationssaal mit dem Bacillus Cereus infiziert worden. Eine Sondereinheit der Carabinieri überprüfte daraufhin das Klinikum auf Einhaltung der Hygiene- und Sicherheitsvorschriften. Das Ergebnis war niederschmetternd: Man stellte 411 einzelne Verstöße fest. Bestimmte

Bereiche des Krankenhauses waren unzumutbar verschmutzt; Patienten wurden teilweise in denselben Gängen und Fahrstühlen transportiert, durch die man auch den Müll entsorgte.

Wasserrohre waren stark beschädigt, elektrische Leitungen nicht hinreichend gesichert, und die Anlage zur automatischen Bekämpfung von Bränden funktionierte nicht, weil das Rohrnetz nicht ans Wasser angeschlossen war. Die Justiz wurde aktiv.

Fünf Operationsräume wurden geschlossen, gegen 42 Personen, zumeist leitende Ärzte, kamen Ermittlungen in Gang. Daß der zuständige Untersuchungsrichter auf Antrag der Staatsanwaltschaft die förmliche Beschlagnahme des gesamten Krankenhauskomplexes verfügte, war auch in Italien bis dato ohne Beispiel. Ein Sonderverwalter mit Sondervollmachten sollte binnen kurzer Zeit einen Plan für die Reorganisation der Klinik und die Behebung der Mängel ausarbeiten. Die Abteilungs- und Institutschefs, die zuvor mit eigensüchtigen Kompetenzstreitigkeiten manche Erneuerung blockiert hatten, wurden entmachtet. Einige der Betroffenen wehrten sich dagegen mit dem Argument, die Situation in anderen Krankenhäusern des Landes sei keineswegs besser; man müsse sie also allesamt unter Sonderaufsicht der Justiz stellen, um endlich Reformen in Gang zu bringen.

Zwar gibt es in Italien private und auch staatliche Kliniken, die einen hervorragenden Ruf genießen und international angesehene Spezialisten beschäftigen. Im ganzen aber leidet das öffentliche Gesundheitswesen wie andere Sektoren der Gesellschaft nachhaltig unter den Folgen der Parteibuch- und Spezl-Wirtschaft aus Zeiten des christdemokratisch-sozialistischen Parteienregimes, das 1992 unter Korruptions- und Mafiaskandalen zusammenbrach. Nicht Kompetenz, sondern Beziehungen waren ausschlaggebend für Berufungen, auch ein Friseur mit dem richtigen Parteibuch konnte Krankenhausdirektor werden.

Wichtige Institutionen verkamen, weil die Politiker sich in Machtkämpfen verzehrten und die Lösung akuter Probleme für nachrangig hielten. Der frühere Gesundheitsminister Francesco De Lorenzo und ein Abteilungsleiter seines Hauses ließen sich zudem jahrelang mit hohen Summen und teuren Sachgeschenken von der Pharmaindustrie bestechen.

Die Konsequenz sind Mißstände, deretwegen regelmäßig Menschen sterben, denn sie erhalten nicht rechtzeitig ärztlichen Beistand. In Mailand verbrannten im November 1997 elf Personen in einer Überdruckkammer, die nicht ausreichend gesichert war. Danach stellte sich bei Überprüfungen heraus, daß jede vierte solche Kammer im Land nicht die vorgeschriebenen Normen erfüllte. Der Tod von zehn Menschen in Pesaro, die sich im Krankenhaus mit Hepatitis B infizierten, ging vermutlich auf mangelnde Hygiene zurück. Ein Infizierter hatte die anderen neun Opfer angesteckt.

Premiere für den roten Premier

Massimo D'Alema, der erste Ex-Kommunist, der in Italien an die Regierung kam

Es war ein Auftritt, der Geschichte macht, und Massimo D'Alema war sich dessen wohl bewußt. Er hatte sich tagsüber trotz all der vielen Besprechungen die Zeit genommen, zum Friseur zu gehen, und er hatte einen dunkelgrauen Anzug, ein weißes Hemd und eine hellgrau gemusterte Krawatte angelegt. In ungewohnte Feierlichkeit gehüllt, stand er nun vor den Marmorsäulen, Stukkaturen und Wandgemälden des Quirinalspalastes, vor den Fahnen Italiens und Europas, an seiner Seite ein paar soignierte Herren aus der Entourage des Präsidenten der Republik und einer jener Kürassiere mit weißem Uniformrock und goldenem Helm, deren Anwesenheit in Italien stets die Nähe des Staatsoberhauptes und den Vollzug hoheitlicher Akte signalisiert.

Massimo D'Alema sprach mit jener Konzentration und Langsamkeit, die der Wille zu vollkommener Beherrschung der eigenen Gedanken und Gefühle hervorbringt. Hin und wieder senkte er, scheu und stolz zugleich, den Blick auf die Mikrofone und ließ die Hände Halt am Holzpult suchen. Er brauchte keinen Stichwortzettel in diesem Augenblick, der in der Nachkriegsgeschichte Italiens wie in seinem eigenen Leben einen tiefen Einschnitt markierte. »Ich bin mir bewußt«, sagte Massimo D'Alema, »daß wir in einer besonderen, unerwarteten Situation sind.«

Der 49jährige Führer der Linksdemokraten hatte

gerade – es war am Abend des 16. Oktober 1998 – von Staatspräsident Oscar Luigi Scalfaro den Auftrag erhalten, die Möglichkeiten für die Bildung eines neuen Kabinetts zu sondieren. Rein formal nichts Aufregendes für die Italiener. Sie hatten seit 1945, in 53 Jahren also, nicht weniger als 55 Regierungen kommen und gehen sehen. Ebensooft waren führende Politiker, fast immer Christdemokraten, aus dem Büro des Staatspräsidenten gekommen und vor die Presse getreten, neben sich den Kürassier; nicht gerechnet die vielen Male, wo Regierungsbildungen an den Winkelzügen der Parteien scheiterten.

Aber diesmal war es etwas anderes. Zum ersten Mal erging der Auftrag zur Regierungsbildung an einen Mann, der nicht katholisch war, sondern aufwuchs als ein treuer Sohn der Kommunistischen Partei. Zum ersten Mal wurde das Ruder einem Politiker in die Hand gegeben, der für ein anderes, im Ausland weniger bekanntes Italien steht: das Italien von Gramsci, Togliatti & Berlinguer; das Italien der Volkshäuser, der Revolutionslieder und der roten Fahne; das Italien der roten Rathäuser, die vor allem in Umbrien, in der Toskana und in der Region Emilia-Romagna zu finden sind.

Massimo D'Alemas Biografie wäre gut geeignet, ein spezifisch kommunistisches Milieu zu schildern, das nun allmählich vergeht: wie er, der Sohn eines kommunistischen Parteifunktionärs und Abgeordneten und dessen ebenfalls politisch sehr aktiver Frau, vom Religionsunterricht befreit war und vom Priester geschlagen wurde, weil er sich als Atheist bezeichnete; wie er mit dem Vater das Nazi-KZ Theresienstadt in Tschechien besuchte und danach drei Tage lang nichts essen mochte; wie er als zwölfjähriger Pionier 1962 beim Parteitag der

KPI vor dem großen Vorsitzenden Palmiro Togliatti sprach; wie ihn später der große Vorsitzende Enrico Berlinguer zum Chef des Kommunistischen Jugendverbandes machte und zu Staatsbegräbnissen mit nach Moskau nahm.

Der 1949 in Rom geborene D'Alema war Parteifunktionär seit Kindertagen, und er hat nie einen anderen Beruf ausgeübt als den des Politikers. Vom Jugendführer stieg er auf zum KPI-Regionalchef in Apulien, zum Leiter der Zentralorganisation der KPI und zum Chefredakteur des Parteiorgans *L'Unità*, das unter seiner Leitung im Geiste des italienischen Eurokommunismus schon vor der Wende von 1989 heftige Polemiken über die historischen Irrtümer des Kommunismus entfachte.

Auf allen Stationen bewährte D'Alema sich als ein talentierter Führer mit scharfem Verstand. Er ist einer jener altmodischen Politiker, die als Redner noch mit Gedankenreichtum, Klarheit und Witz Zehntausende von Menschen für zwei Stunden lang zu fesseln vermögen. D'Alema verfügt zudem über große Zähigkeit, und seine Ellbogen hat er offenkundig nicht nur dazu benutzt, Konferenztische blankzuscheuern. Kommt man ihm mit kritischen Fragen, beim Teegespräch im Club der Auslandspresse beispielsweise, so sieht man ihn sofort zum Gegenangriff übergehen.

D'Alema nennt sich selbst eine »verschlossene Person«, die gewissermaßen wider Willen ständig reden muß, und er weiß, daß seine Neigung zu sarkastischen Scherzen ihm nur Feinde macht. Die in ihm lodernden politischen Passionen pflegt er so sehr zu zügeln, daß selbst der Vater ihm schon geraten hat, doch ab und zu einmal aus sich herauszugehen, das tue dem Magen gut. Seine Ehefrau Linda Giuva, eine Angestellte des Staatsarchivs, empfand ihn bei der ersten Begegnung als zurückhaltend und streng.

Massimo D'Alema ist in dieser Weise das Image eines Apparatschiks zugewachsen, und es verflüchtigt sich nicht sogleich bei der Notiz, er segele und koche gut und gerne, er wasche zu Hause das Geschirr ab und habe mit seiner Frau zusammen bis zur Berufung ins höchste Regierungsamt nur ein Nettoeinkommen von etwa sechstausend DM im Monat gehabt. Daß er jahrelang in Rom für gut tausend DM ein 146 Quadratmeter großes Apartment bewohnte, das einer öffentlichen Einrichtung gehörte und wie andere Wohnungen nur für Politiker, Journalisten und andere Privilegierte so günstig zu haben war, entfachte einen mittleren Skandal, der ihm jedoch kaum schadete. Immerhin zog er danach als einer der wenigen Betroffenen mit der Frau und den zwei Kindern um.

D'Alemas tägliche Präsenz in den von ihm durchaus verachteten italienischen Medien war ansonsten nur seiner politischen Aktivität geschuldet, die durchaus bewegt war. Als 1989 die Berliner Mauer fiel und mit ihr der Kommunismus, gehörte er zu jener Gruppe junger Reformer um den damaligen Parteichef Achille Occhetto, die eine Abkehr der KPI von der Vergangenheit und ihre Überführung in eine sozialdemokratisch orientierte Organisation westeuropäischen Zuschnitts betrieb, wie es dann 1991 beschlossen wurde.

D'Alema wurde in der neuen Partei der Demokratischen Linken (PDS) Occhettos Schattenmann, ein tüchtiger Zweiter, der den Ersten überragte, ihm Fehler vorhielt und ihn schließlich zum Rücktritt drängte, nachdem die PDS 1994 gegen den Medienmilliardär Silvio Berlusconi schimpflich eine Wahl verloren hatte. Occhetto war tief gekränkt über seinen Sturz und versuchte, D'Alema vom Vorsitz fernzuhalten, indem er die Basis für den jüngeren Walter Veltroni mobilisierte, einen Filmfreak, der die Verehrung für Enrico Berlinguer mit der für Robert Kennedy und Amerika zu verbinden wußte und so den Gegenspieler D'Alema erst recht als altbackene Funktionärsfigur erscheinen ließ. Dieser zog dann zwar bei einer Umfrage in Orts- und Provinzverbänden den kürzeren, brachte aber im Nationalrat der Partei, dem Leitungsgremium der Kader, eine Mehrheit hinter sich.

D'Alema hat als Parteichef bemerkenswerte Premieren feiern können. Sein erster Besuch in den USA, im Vatikan und bei der Nato wurde registriert als Zeichen eines Wandels nach Jahrzehnten der Gegnerschaft. D'Alema betrat auch den Konzern des Gegners Berlusconi und versicherte dessen Angestellten wie dem verängstigten bürgerlichen Wählerpublikum, er plane nicht die Enteignung des Tycoons. Der Umstand, daß er bei Berlusconis Sturz als Ministerpräsident 1994 ebenso die Fäden gezogen hatte wie beim Aufbau des sogenannten Ölbaum-Bündnisses mit Romano Prodi, bescherte ihm als erstem (ex-)kommunistischem Parteichef Italiens die Genugtuung, sich am 27. April 1996 als Sieger einer nationalen Parlamentswahl fühlen zu dürfen. Danach gerierte sich D'Alema immer wieder als der starke Mann im Hintergrund, sehr zum Leidwesen des Ministerpräsidenten Prodi, der ihm nach zweieinhalb Jahren schließlich weichen mußte.

D'Alema ist einer der wichtigsten italienischen Politiker der Gegenwart. Ebenso wie sein Gegner Gianfranco Fini, der Führer der postfaschistischen Nationalen Allianz, hat er sich und seine Partei aus einem historischen Ghetto befreit, und wie Fini ist er ein Taktiker der alten Schule, gereift in den Jahrzehnten, als die italienische Politik sich als eine ewige, undurchsichtige Abfolge eigensüchtiger Parteikabalen darbot, über denen drängende Probleme ungelöst blieben. Dabei kann man D'Alema gewiß nicht vorwerfen, er lasse Sachfragen links liegen. Doch hat er sich eben auch als ein Mensch mit ausgeprägtem Machtinstinkt erwiesen. Er führte die Linksdemokraten höchst autoritär – mit dem Ergebnis, daß sich in der Partei Orientierungslosigkeit und Karrieredenken breitmachten.

Fast ein Jahrzehnt nach dem Zusammenbruch des Kommunismus hat die italienische Linke nicht wieder zu früherer Stärke zurückgefunden. Die Auflösung der KPI in zwei ungleiche Teile wirkt nach. Die 1991 von den Linksdemokraten abgespaltenen Neokommunisten konnten einen Anhang von etwa acht Prozent der Wähler hinter sich scharen und zerstritten sich 1998 über taktische Fragen so sehr, daß sie sich abermals spalteten. Auf lokaler Ebene ist freilich unter den Mitgliedern der nunmehr drei Nachfolgeorganisationen der alten KPI das Bewußtsein der Gemeinsamkeit noch immer stark. Der Traum von D'Alema und Genossen indes, die Linksdemokraten nach Art der deutschen SPD oder der britischen Labour Party umzumodeln und ihnen soweit aufzuhelfen, daß sie nicht bei zwanzig Prozent Stimmenanteil verharren, sondern dreißig oder vierzig Prozent erlangen, bleibt vorerst unerfüllt.

Gleichwohl gelang es D'Alema durch geschickte Bündnispolitik, der erste rote Premier Italiens zu werden. Die Umstände, unter denen dies geschah, waren durchaus denkwürdig. Es waren der kommunistische Altfunktionär Armando Cossutta, ein Mann der einstigen Moskauer Linie, und der frühere christdemokratische Staatspräsident Francesco Cossiga, die nach dem Sturz von Romano Prodi durch die Neokommunisten eine neue Mehrheit mit der Ölbaum-Koalition bildeten und so den Weg für die Berufung D'Alemas zum Ministerpräsidenten ebneten – in einer Serie von Manövern, die nach alter Art im Stile von Theatercoups abliefen und die im Taktiker D'Alema einen ebenbürtigen Partner hatten. So grüßten an der Wiege eines neuen Abschnitts der italienischen Politik zwei steinerne Gäste aus der Vergangenheit, das halbe Jahrhundert der Konfrontation zwischen Christdemokraten und Kommunisten mutierte in einen historischen Kompromiß besonderer Art.

D'Alema nutzte kühl die Gunst der Stunde. Er wurde Ministerpräsident, und er erlebte weitere Premieren, durchaus mit Lampenfieber. Eine der ersten Amtshandlungen war die Teilnahme an einer feierlichen Vereidigung von Kadetten der Carabinieri in dem Städtchen Velletri bei Rom. In Gala traten sie vor ihm an, mit roten Streifen auf den schwarzen Hosen und weißen Gurten über der Uniformjacke, den Zweispitz mit rotem Federbusch auf dem Kopf.

Die Carabinieri sind eine uritalienische Institution. Benannt nach einem alten Repetiergewehr, das sie anfangs führten, wurden sie 1814 im Königreich Piemont gegründet als eine über das ganze Land verteilte Eliteeinheit, die sowohl militärische als auch polizeiliche Aufgaben erfüllt. Sie gelten als Symbol der italienischen Einheit und als eine der wenigen Institutionen, die tadellos funktionieren.

»Der Carabiniere mit seiner Uniform«, sagte D'Alema bei der Feierstunde, »ist für viele Italiener der Staat.« Als ob noch, wie vor Zeiten, der Staat eine umstrittene Institution wäre, setzte er hinzu:

»Nicht der Staat, der unterdrückt, sondern der Staat, der schützt und Sicherheit gibt und der die Schwachen verteidigt.« Daß Massimo D'Alema, der gewandelte Kommunist, nun selber diesen Staat zu führen hat, daß er also der oberste Vorgesetzte junger Carabinieri-Kadetten geworden ist, muß ihm tief ans Gemüt gegangen sein. Er nannte sich »einen Ministerpräsidenten-Kadetten« und war nach eigenen Worten »bewegt, gerührt und erstaunt«.

Und Cristina holt den Schraubenzieher

Eine Powerfrau im Eissalon zwischen Grenadine-Gläsern, Familientradition und Komplimenten

Manchmal, wenn der Sommer so heiß ist wie in diesem Jahr, beginnt Cristinas Tag damit, daß sie den Schraubenzieher holt. Fabio schläft noch die Erschöpfungen der nächtlichen Vergnügungen aus, während seine Mutter sich in die Kühltheke beugt und die Schrauben der Abdeckung lockert. Verschlungene Kabel werden sichtbar, ein beunruhigendes Rattern dringt aus der Tiefe der Apparatur. »Da ist ein Lüftungsrad drin, das macht Lärm.« Vielleicht hat sich wieder Kondenswasser oder Eis am Motor gebildet, da wüßte eine Frau wie Cristina sich zu helfen. Aber diesmal muß es etwas anderes sein. Sie ruft Ercole, den Mechaniker, an, zapft sich einen kalten Tee und zieht ihre Schürze über.

Im Lokal liegt das träge Summen, das den Sommer auch bei 34 Grad Celsius erträglich macht, jener Brummton des Behagens, den in mannigfacher Abstufung die Eistheken und -schränke erzeugen. Tröstende Kühle verströmt im Raum. Ein Windstoß bauscht draußen vor der Tür, wo Cristinas schwere Suzuki GS 550 E steht, die gelbe Markise mit der Inschrift »Fassino« auf und bringt drinnen über der Rechenmaschine die drei silbernen Lampenschirme zum Schwanken, deren Aufsatz der Aufbewahrung von Kleingeld dient.

Alles ist in dieser Stunde vor Mittag, in der die Eisfrau die Bänke vor die Tür stellt und ihr Tagwerk beginnt, schon in jener gleichmäßigen Bewegung, die der Hitze ihre Beherrschbarkeit anzeigt. Am Schaufenster, gleich unter dem Ehrenplatz, den Cristina dem Foto ihrer starken Urgroßmutter Annunziata gegeben hat, rührt es mechanisch in kaltem Kaffee und in kaltem Tee. Und in der Mitte des langen Tresens drehen sich schlangenartig vier flache Spiralen in Plexiglasgefäßen, deren Rundungen mit feinen Tröpfchen beschlagen sind. Grenadine wird hier umgewälzt, nach Geschmäckern getrennt: Zitrone, Orange, Sauerkirsche und Tropical, knallgrün. Wer davon trinkt, dem wird kühl und süß.

Sommertag im Eissalon. Die drei Bauarbeiter sind wieder da für drei große Portionen, ein Lieferant bringt tiefgefrorene Himbeeren und feilscht um den Preis. Im Grenadine-Glas wird die Zeit umgeschichtet, und Cristina erzählt Geschichten aus dem privaten Leben, das so italienisch ist und gar nicht nur privat. Vierzig Jahre ist Cristina Vesco alt, Inhaberin einer *gelateria* in der Via Bergamo Nr. 24 in Rom, eine Frau, der ihre Unabhängigkeit so wichtig ist wie der Kontakt mit Menschen. »Ich muß mitten unter den Leuten sein«, sagt sie, »was mache ich sonst mit meiner Energie?«

Cristina Vesco verkörpert einen Typus jüngerer italienischer Frauen, die unternehmungslustig, selbstbewußt und anspruchsvoll ihre Rolle in der Gesellschaft neu erleben und begreifen wollen. Attraktiv, charmant, schlagfertig, berufstätig – vor uns steht die Powerfrau *all'italiana,* die Wert auf modische Kleidung und den Respekt ihrer Umwelt legt.

Vor vier Jahren hat Cristina nach 17 Jahren Ehe ihren Mann verlassen, an einem Tag im Juni, als sie mit dem Mann und den beiden Söhnen zu Tische saß und erlebte, daß die Söhne genauso am Essen herummeckerten wie der Mann. Da ist sie aufgestanden, hat Kleider und eine Decke in den Koffer gepackt und ist gegangen. »Das war mein erster Tag der Unabhängigkeit«, sagt sie heute. »Ich bin eine Frau, die nicht fähig ist, sich zu unterwerfen.« Und fügt nach einer Pause hinzu: »Außer wenn ich es selbst entscheide. Und nur aus Liebe.«

Frauen, sagt Cristina, haben nicht weniger als Männer, sondern mehr. Frauen geben Leben und begehen weniger Morde. Frauen üben in Italien zwar schon lange ein verdecktes Matriarchat aus, aber nun ist es genug mit nur Kinder, Küche, Kirche. Cristina glaubt an Gott und an den wundertätigen Pater Pio, »aber es gelingt mir nicht, katholisch zu sein«. Weil da Frauen nichts dürfen.

Gut erinnert sie sich, daß ihr erster Wahlakt mit 18 Jahren die Teilnahme am Scheidungsreferendum war, und natürlich hat sie damals die Einführung der Ehescheidung in Italien befürwortet. Unvergeßlich ist ihr, wie der Vater sie, als sie vor Jahren den in eine Krise geratenen elterlichen Hotel- und Gaststättenbetrieb übernehmen wollte, abwies mit den Worten: »Nein, du bist eine Frau.« Sie hat ein Pub aufgemacht und zeitweise mehr verdient als er. Und nicht zufällig hat sie 1997 mit ihrer Schwester als Tag für die Eröffnung der Eisdiele »Fassino« den 8. März gewählt, den Frauentag.

Es lag in der Familie. »Fassino« ist die Verkleinerungsform von Fassi, und dieser Name steht in Rom für eine lange Tradition der Eisproduktion. Annunziata Fassi, Cristinas Urgroßmutter, hat einst in Sizilien ihren Mann verlassen, weil der sie geschlagen hatte. Sie ging nach Rom und eröffnete in einer Villa des Fürsten Torlonia an der Piazza Fiume ein Hotel mit Gartenlokal nebst Eisverkauf. »Königreich des Eises« lautete die Reklameschrift am Dach, und ein anderer, verfeindeter Zweig der Familie führt bis heute den »Palast der Kälte«. Urgroßmutter Annunziata lieferte sogar dem Diktator Mussolini sonntags Eis; Mussolini gewährte ihr zehn Jahre Steuerfreiheit, und man weiß nicht, ob sie diese Vergünstigung über Mussolinis Schwester erreichte »oder über den berühmten roten Salon, in dem der Duce die schönen Frauen empfing«, sagt Cristina.

Jedenfalls ist die Urgroßmutter ihr ein Vorbild an Tatkraft und Gewitztheit, und jedenfalls heißt ihr Salon auch deshalb »Fassino«, weil dies eine der Eissorten war, die Annunziata erfand, weiß mit Schokolade drum herum. Und mag diese Vergangenheit auch ein »enormes Gepäck« darstellen, so sieht Cristina sie doch auch als Ermunterung zu eigener Tat.

Fabio ist endlich eingetroffen, verspätet, und Cristina hält ihrem 19jährigen Sohn eine gedämpfte Gardinenpredigt, deren Wirkung unter seinen flehenden Blicken und Koketterien bald verfliegt. Groß und stark ist der Kerl, 1,92 Meter hoch, und doch mußte Cristina selber die Kisten mit achtzig Liter Milch, zwanzig Kilo Zucker und dem Milchpulver schleppen, die der Milchmann vorhin angefahren hat. Und der Fruchtsalat, mit dem manche Kundin ein ganzes Mittagessen bestreitet, ist auch noch nicht fertig. Cristina gibt Fabio das Obst zum Schneiden und gießt literweise Milch aus viereckigen Papptüten in die Pasteurisiermaschine, die in ihrer Werkstatt steht.

Auch diese Werkstatt, rückseitig hinter dem Lokal gelegen, ist erfüllt vom polyphonen Gebrumm der Kühlschränke und Eismaschinen, die jeden Monat für mehr als eine Million Lire Strom verbrauchen. Ja, es ist reichlich Energie vonnöten, wenn etwa fünfzig Liter Milch, versetzt mit Schokoladenpulver, einer Handvoll Kaffee und acht Kilo

Zucker in der Pasteurisiermaschine erst auf 65 Grad erhitzt und dann auf wenige Grad über Null abgekühlt werden sollen. Schokoladeneis wird gebraucht, auch für die hellen Eissorten entsteht in ähnlicher Art eine Grundmischung, die in der Eismaschine mit weiteren Zutaten vermengt wird. Aus dem Einguß des Geräts hört man ein seltsames Schlabbern, wenn sich in der Trommel die Melange wälzt, während außen das Absinken der Temperatur auf minus vier Grad angezeigt wird.

Cristina hantiert mit Mixer, Gummispachtel, Schneebesen und Schaufel, rührt und mengt und preßt und mischt. »Die Arbeit ist hart wie die Arbeit eines Maurers, aber sie ist kreativ«, sagt sie und läßt die Muskeln am Oberarm spielen. Das fertige Eis füllt sie in Wännchen, die in die Kühltheke gehängt werden, auf der Oberfläche stets mit einem Wellenrelief verziert, als müßte das Eis onduliert sein. Doch kein Gerät ist so wichtig wie die große Waage, auf der die Eisfrau nach Hausrezept die Zutaten bemißt. Ein echter *gelato* schmeckt nur, wenn er ausgewogen ist.

Es ist schon vorgekommen, daß Cristina nicht präzise auf die Mengen achtete, weil sie an den Steuerberater oder andere Unannehmlichkeiten dachte, und das Eis ging daneben. Und regelmäßig errät ihre Freundin Laura, die Grafikerin aus der Nachbarstraße, die quasi täglich vorbeikommt, beim Eislutschen Cristinas Stimmungszustände. Gestern war sie sehr gut drauf, sagt Laura, ihr Eis war wundervoll. Und neulich hat sie gute Ratschläge gegeben für Lauras Ehekrise.

Eissalons sind Orte der kurzen Begegnung und des kleinen Vergnügens. Frauen und Männer jeden Alters und aller Klassen suchen Erfrischung an Cristinas großer Theke, in der 24 Eissorten lagern, nach Farbe und Geschmack geordnet und laufend frisch hergestellt; Schokolade, Creme und Nuß gehen am besten. In elf Spielarten wird zudem *granita* offeriert, das feinteilige Wassereis, das mit Zucker und Früchten, Sirup oder Kaffee versetzt wird.

Sie suchen Rast vor diesem Schaufenster der Schleckereien, der schwitzende Mann mit der schweren Reisetasche, der senegalesische Straßenhändler, die alten Ehepaare aus dem Viertel und die Händler aus der Nachbarschaft. Mitunter füllt sich das Lokal in einer einzigen Minute, viertelstundenlang sind die vier Tischchen und die Stühle allesamt besetzt, und plötzlich ist dann wieder alles gähnend leer. Mal steht Freundin Ada, die Immobilienagentin, in der Tür und berichtet von amourösen Abenteuern, mal regt sich fluchend der Anwalt vom Haus nebenan darüber auf, daß draußen jemand das Moped seiner Tochter zur Seite geschoben hat.

Eine Kundin zeigt auf den Eisschrank, der im Raum steht, und auf Cristinas Gesicht legt sich der Schreck: Irgendwie ist das Gerät wohl ausgegangen, die Eistörtchen, die darin lagen, sind geschmolzen. »Das ist Geld«, sagt Cristina. 150.000 Lire sind verloren, allerhand bei einem Tagesumsatz von etwa 500.000 Lire.

Radiogedudel übermalt das Rauschen der Kühlgeräte und der Klimaanlage, Fabio sitzt auf dem Barhocker und klebt Etiketten auf die Styroporbehältnisse, in denen die Leute Eis mit nach Hause nehmen. Der 19jährige hilft seiner Mutter im Geschäft, eine technische Schulausbildung hat er vorerst abgebrochen. Seine Zukunft liegt im Vagen, schwärmerisch kostet er die Privilegien der Jugend aus, ein römischer *ragazzo*, der stolz darauf ist, ein *latino* zu sein, der an dunkelhäutige Frauen denkt und der jede Nacht, wenn um 0.30 Uhr die *gelateria* schließt, mit seinen Freunden durch die Stadt zieht. Freund Mauro, der Kellner, ist außer Cristina der einzige Mensch, dem Fabio sein Moped leiht, nicht einmal dem eigenen Bruder würde er es geben.

Bruder Marco, mit zwanzig Jahren der Ältere, hat zur größten Zufriedenheit der Mutter soeben mit Bravour seine Ausbildung zum Werbegrafiker beendet und lebt beim Vater, der in einem anderen Stadtteil ebenfalls eine Eisdiele hat. Cristina war erst 19, als sie heiratete. Länger als zwei Jahre hat sie, nachdem die Söhne geboren waren, nicht Hausfrau sein mögen. Sie arbeitete im elterlichen Hotel wie in dem Pub und der Kaffeebar, die sie später mit ihrem Mann betrieb – immer im Kontakt mit Menschen, was sie als ihren eigentlichen Beruf ansieht. Damals an der Hotelrezeption hat sie Leute vom Film getroffen, Sergio Leone, Robert De Niro und Federico Fellini. Marcello Mastroianni hat ihr den Hof gemacht, sein Foto mit Widmung hängt im Salon in der Via Bergamo an der Wand.

Auch an ihrer kühlen Theke lernt Cristina viele Männer kennen, erhält Einladungen, Telefonanrufe und – wir sind in Italien – tausend Komplimente. »Was für ein gutes Eis«, flöten die Charmeure, »von einer schönen Eisfrau hergestellt.« Neulich war ein Alter da, der sagte: »Ha, die schönen Frauen von einst, *complimenti, complimenti,* halten Sie sich so.« Ach, und die Männer von einst, sagt Cristina, die gibt es nicht mehr – die einer Frau den Hof machen und sie wirklich haben wollen. »Es ist sehr schwer, einen echten Mann zu finden.« Viele Männer sind verunsichert von den neuen, starken Frauen. Gestern abend war sie aus mit jemandem, essen und am Kapitol spazieren, sehr romantisch, »vielleicht erlebe ich gerade eine neue Liebe«.

Eis zerschmilzt auf Zungen, Kühle verströmt im Raum, und im Grenadine-Glas wird sinnfällig, wie die Zeit vergangen ist. Fotos der Ahnen aus den Zeiten des »Königreichs des Eises« hängen an den Wänden, und Cristina erzählt. »Beim ersten Regen im Oktober kommt niemand mehr«, sagt sie. Dann wird sie die Leute locken mit Crêpe und *brivido caldo*, dem »heißen Schauer«, den sie erfunden hat: schmelzendes Eis verschiedener Sorten mit Sahne. Und diesen Herbst wird sie ein neues Rezept erproben, aus dem Piemont: in einem kleinen Glas ein Schuß Espresso mit zerlaufendem Schokoladeneis, darüber wird Orangenlikör gegossen. Damit das Eis auch schmeckt und tröstet, wenn in der Stadt nicht mehr die Hitze herrscht.

Wenn die Krawatte zu eng wird

Zahlreiche Italiener in den Fängen von Wucherern

Es fängt oft harmlos an, mit einer kleinen Geldverlegenheit, und es wird niemals wieder gut. Es kann zum Selbstmord führen, zur Prostitution, zur Flucht, zur Sklaverei. Im Falle eines Druckereibesitzers in Rom kam es dahin, daß man von ihm verlangte, er solle sich eine Niere herausnehmen lassen und sie dem Manne spenden, der ihm in der Geldverlegenheit ausgeholfen hatte. Als medizinische Untersuchungen negativ verliefen, hieß es, dann könne doch der Sohn des Druckers eine Niere opfern. Der Mann aber sperrte sich und wurde daraufhin gezwungen, falsches Geld zu drucken. Als ihn dabei die Polizei erwischte, gab er zu, was ihn zu seinen Taten getrieben hatte: Wucher.

Wucher ist in Italien eine verbreitete Erscheinung, »eine furchtbare soziale Plage«, wie Papst Johannes Paul II. öffentlich erklärte. Die Nationalbank nimmt an, daß knapp 900.000 Italiener sich in den Fängen von Kredithaien befinden. Andere Institutionen wie etwa der Nationale Verband der Opfer von Wucher und Erpressung schätzen hingegen die Gesamtzahl der Betroffenen auf rund vier Millionen, nicht eingerechnet die mitleidenden Familienangehörigen. Vor allem kleine Geschäftsleute sind die Opfer, oft sehen sie keinen anderen Weg, als ihren Laden zu schließen.

Regelmäßig liest man in der Zeitung von Schicksalsdramen, deren Ausgangspunkt ein privates Darlehen beim Halsabschneider ist. In Rom ließ ein kleiner Unternehmer die Firma, die Familie und die Freunde im Stich und verschwand an unbekannten Ort, um den Erpressungen der Geldverleiher zu entgehen. Der Inhaber eines Pelzgeschäfts brachte im Hof seines Wohnblocks mit Messerstichen einen jungen Mann um, der ihn seit Monaten mit Drohungen peinigte. Und ein Metzger, der den Beutelschneidern nicht nur Unsummen zahlen, sondern auch neue Kreditnehmer zuführen mußte, erhängte sich an der Tür seines Kühlwagens; danach wurde seine Witwe verfolgt. Im sizilianischen Taranto stürzte sich ein Makler auf die Meeresklippen, an der Autobahn Rom – L'Aquila sprang eine Mutter mit ihren drei erwachsenen Söhnen von einer Autobahnbrücke in den Tod.

Die Skrupellosigkeit der Erpresser kennt keine Grenzen. In Genua wurde ein Kleinhändler, der mit der Abzahlung der Schulden nicht nachkam, aufgefordert, seine Frau zur Prostitution zu zwingen. In Rom wurde, als ein Erpreßter seinen Peinigern entfliehen wollte, dessen Frau vergewaltigt. Eine Geschäftsfrau in Terni, die zwei Kredithaie bei der Polizei anzeigte und sich öffentlich dazu äußerte, wurde ebenfalls vergewaltigt, später versuchte auch sie einen Selbstmord.

Sehr oft nimmt das Verhängnis seinen Anfang in einer Bank. Italienische Kreditinstitute verlangen nicht nur relativ hohe Zinsen, sondern bestehen auch auf sofortiger Rückzahlung von Darlehen, sobald ein Schuldner die Kreditlinie nur minimal überschreitet. Und sie weisen – wie Banken in aller Welt – Antragsteller mangels ausreichender Sicherheiten ab. Dies ist die Stunde der privaten Wucherer, und es gibt laut Innenministerium zahlreiche Fälle, in denen ein Bankangestellter den Weg zu ihnen wies.

Cravattari nennt man die Erpresser in Rom, weil

sie ihrem Opfer quasi die Krawatte zuziehen, bis es erstickt. Manche *cravattari* sind alte Bekannte aus dem Viertel, mehr und mehr mengen sich aber auch mafiose Banden ins Geschäft, das vor allem in Süditalien blüht. Sie verlangen Zinsen von zehn, zwanzig oder dreißig Prozent pro Monat, erhöhen laufend ihre Forderungen, fordern Pfandgüter, bringen Immobilien an sich und treiben manches Opfer in den Ruin. Man kommt leicht auf dreihundert Prozent Jahreszinsen, die Schuld nimmt stetig zu statt ab, eine Spirale ohne Ende nimmt ihren Lauf. In Rom zahlte ein Kleinunternehmer umgerechnet 2,5 Millionen DM – für einen Anfangskredit von 3500 DM. Und ein Krankenhausangestellter berappte vier Jahre lang monatliche Raten von umgerechnet 350 DM, im ganzen 16.800 DM, für eine Summe von zweitausend DM. Dann suchte er Hilfe bei der Gewerkschaft.

Daß solcher Irrsinn seit 1997 schärfer bestraft wird und daß für normale Darlehen gesetzlich ein Höchstzinssatz von 15,9 Prozent im Jahr festgelegt wurde, hat den Wucher zunächst nicht wesentlich eingedämmt. Und ein Solidaritätsfonds, der im Zuge der Reform eingerichtet wurde, hat zum Leidwesen der Betroffenen kaum einem Opfer aus der Patsche geholfen, da er offenbar nicht funktionierte.

Viele wenden sich in ihrer Not an die Kirche, deren Vertreter laut die Mißstände geißeln. Michele Giordano, der Kardinal von Neapel, tat sich darin besonders hervor. Er richtete eine Schuldnerberatung ein und plädierte dafür, Wucherer aus der Gemeinschaft der Gläubigen zu exkommunizieren. Bis im Sommer 1998 der Bauzeichner Mario Luciano Giordano aus dem Ort Sant' Arcangelo in Süditalien verhaftet wurde unter dem Verdacht, gewaltige Kredite mit Zinsen bis zu vierhundert Prozent vergeben zu haben. Er ist der Bruder des Kardinals, und er pflegte mit diesem, wie sich zeigte, einen regen Geldaustausch. Daraufhin wurde auch gegen den Kirchenmann ein staatsanwaltschaftliches Ermittlungsverfahren wegen Beihilfe zur Erpressung und zum Wucher eingeleitet.

Der Duft der kleinen weiten Welt

Eine italienische Institution: die Espressobar

Man riecht es und man hört es – Italien. Man läuft durch irgendeine wunderhübsche Altstadtgasse oder ein lausig peripheres Viertel und hat auf einmal diesen Duft in der Nase, verführerisch und stark. Man folgt ihm, und man hört im Näherkommen zwei schnelle harte Hiebe auf Gummi oder Holz: der Barmann hat gerade den Schwengel, der in einer runden Mulde das Kaffeepulver enthält, in eine Schublade entleert, und füllt ihn nun von neuem, das dunkle Mehl mit einem Stampferchen verteilend. Er klinkt den Schwengel an der Espressomaschine ein, öffnet den Dampfhahn, und aus dem Ausguß rinnt sämig jene braune Brühe, die der Treibstoff Italiens ist. Man ist, kurzum, in einer Kaffeebar gelandet, und kaum hat der *barista* mit der weißen Schürze die Bestellung vernommen, da landet schon mit schwungvollem Geklapper eine dickliche Untertasse auf dem Tresen, gefolgt von einem silbernen Löffelchen.

Italien ohne Espressobar, das wäre wie die Schweiz ohne Käse, wie Österreich ohne Wien, wie Deutschland ohne Autobahn, wie die USA ohne Trommelrevolver. Die Kaffeebar ist eine Stütze des gesellschaftlichen Gesamtgefüges, ein Nationalmerkmal in 142.000facher Ausführung, das aus dem Land so wenig wegzudenken ist wie die katholische Kirche, die Carabinieri und die Zeitungskioske. Kein Dörfchen ohne *bar centrale* und keine Stadt ohne Dutzende, Hunderte, ja Tausende von Stehlokalen, aus denen es duftet, klappert und nach harten Hieben klingt. »Die Bar ist die einzige italienische Institution, die funktioniert«, sagt Signora Cuneo, Malerin und Antiquarin.

Die Signora hat ihre Stammbar seit Jahrzehnten in der Via dei Coronari Nr. 183 im Zentrum von Rom. Antonio Santoni, der 44jährige Inhaber, der schon als 14jähriger unter Vaters Regie hier zu arbeiten begann, ist ein Mensch mit Computergedächtnis. Darin speichert er die Vorlieben und Eigenheiten seiner zweihundert bis dreihundert Stammkunden, die täglich in der Bar Santoni aufkreuzen: welche Art von Kaffee einer bevorzugt, ob er ihn aus der *tazzina,* dem Espressotäßchen, trinkt oder aus dem kleinen, dicken Glas, wieviel Zucker einer nimmt und welche Zutaten er im Espresso liebt. Mal legt Antonio gleich den Diätsüßstoff auf die Untertasse, mal langt er ins verspiegelte Regal nach der Brandyflasche. Und immer wieder wischt er mit feuchtem Tuch über den Marmortresen und die Espressomaschine, immer wieder richtet er die langen Löffel auf, die aufrecht im Zucker stehen sollen. Und immer läuft aus dem Wasserhahn ein dünner Strahl ins Becken.

Die Kaffeebar hat mancherlei Funktion, darunter die, daß man dort Kaffee trinken kann. *Caffè,* sagt der Italiener und meint damit das, was seine Nachbarn unter dem Begriff Espresso längst als Attribut verfeinerter Lebensart übernommen haben. Die Espressomaschine, erstmals 1905 industriell gefertigt, hat ein Extraktionsverfahren, das ein besonders intensives Aroma und einen luftigen Schaum auf dem Körper des Kaffees hervorbringt. Ein Täßchen Espresso, 20 bis 35 Milliliter, um genau zu sein, erzeugt der Barmann, indem er per Knopfdruck vollautomatisch das Wasser in der Espressomaschine auf 90 bis 95 Grad erhitzt und es bei einem Druck von 9 Bar in Form von Dampf 25 bis 30 Sekunden lang durch 6,5 bis 7 Gramm feingemahlenen Kaffee preßt (so besagt es jedenfalls ein Leitfaden der größten Kaffeefirma Lavazza).

Indes ist mit einem einfachen *caffè* nicht jeder Kunde in der Bar zufrieden. Es lebe die Vielfalt, wir sind in Italien. Ergo gibt es auch den *caffè macchiato*, den mit ein paar Tropfen warmer oder kalter Milch »befleckten«, dessen Gegenstück das mit ein paar Spritzern Kaffee verdunkelte Glas Milch ist: *latte macchiato*. Der *caffè lungo* wird mit Wasser verlängert, der *caffè doppio* ist eine doppelte Kaffee-Portion, und der *caffè corretto* ist korrigiert durch Zusatz von Grappa, Whisky, Amaro oder ähnlichen Spirituosen. *Caffè al vino rosso* ist mit Rotwein versetzt, *caffè freddo* wird im Sommer verlangt, denn er ist eiseskalt.

In Süditalien ist der *caffè ristretto* gang und gäbe – etwas weniger, dafür umso stärker. Und die Bewohner des *mezzogiorno* wissen auch, was mit *caffè genovese* gemeint ist: ein Espresso mit einem derart großen Schuß Milch, daß es schon fast ein *caffèllatte* ist, ein Milchkaffee, der freilich teurer wäre. Als Genueser Gesöff verspotten ihn die Südländer deshalb, weil sie die Bürger Genuas für besonders geizig halten.

Hingegen war in Neapel bis vor einiger Zeit ein Gestus besonderer Großzügigkeit verknüpft mit dem *caffè sospeso*, dem aufgeschobenen Kaffee. Hatte jemand etwas Erfreuliches erlebt, so ging er zur Bar, bestellte und bezahlte zwei Kaffee. Er trank aber nur einen, der zweite blieb ausgesetzt für irgendeinen unbekannten armen Nebenmenschen, der nach ihm kommen, den Barmann nach einem *caffè sospeso* fragen und dann umsonst sein Täßchen haben würde.

Kaffeebars sind Orte der Anteilnahme. Antonio, der Barmann aus der Via dei Coronari in Rom, schneidet aus seinen leeren Milchtüten den roten Sammelpunkt aus – für eine alte Dame aus der Nachbarschaft; bei dreitausend Punkten gibt's ein Kaffeeservice. Antonio ist *persona di fiducia*, ein Vertrauensmann im Viertel. Man gibt bei ihm die Hausschlüssel ab, damit der Freund sie dort abholen kann. Und die Antiquitätenhändler aus der Nachbarschaft wenden sich an ihn, wenn sie einen Transporteur brauchen. Antonio vermittelt.

Antonio kennt die privaten Verhältnisse der Stammkunden, und diese kennen seine. Italienische Kaffeebars sind fast immer Familienbetriebe, deshalb sieht man hinter der Theke so viele Leute. Antonio hat seine Schwester Celestina und öfters auch die Mutter Vincenza zur Seite; Bruder Oreste, ein Bankangestellter, hilft morgens und abends von sechs bis acht Uhr mit.

Für jeden Gast haben Antonio und Celestina ein freundliches Wort, sie stiften Kontakte zwischen Menschen, die alleine am Tresen stehn. »Man muß immer fröhlich sein«, sagt der Barmann. Menschen aller Klassen und Eigenarten kommen herein, Männer wie Frauen, Arbeiter im verschmierten Overall und adlige Damen im Kostüm. Sie erzählen einander Geschichten oder räsonieren über die Launen der Menschen und der Welt, sie reden vom Fernsehen, von Fußballstars und Lottozahlen. Politische Diskussionen biegt Antonio ab, er will keinen Streit.

Die Kaffeebar ist kein Ort der Erregung, sondern der Erholung, von morgens früh bis in die Nacht. Man ißt dort zum Frühstück hastig ein Hörnchen und schlürft einen Cappuccino, der durch die aufgeschäumte Milch braun ist wie eine

Kapuzinerkutte und deshalb auch nach dem Kapuziner benannt ist. (Wer nach elf Uhr noch immer Cappuccino begehrt, entlarvt sich damit als Nichtitaliener.) Zu Mittag verspeist der eilige Gast ein belegtes Brötchen, eine Weißbrotschnitte oder ein Stück Kuchen. Will man sich mit jemand verabreden, nennt man eine Kaffeebar als Treffpunkt. Abends nach dem Kino oder dem Essen im Restaurant sucht mancher nochmals den Tresen auf, und zu jeder beliebigen Tageszeit schaut man zwischendurch auf ein paar Minuten herein, zu jeder beliebigen Gelegenheit. Als im Oktober 1998 Ministerpräsident Romano Prodi zurückgetreten war und beim Staatspräsidenten sowie im Parlament die Formalitäten erledigt hatte, ging er mit seiner Frau in Rom in eine Bar und trank einen frisch gepreßten Orangensaft.

Kaffeebars sind ein Gehäuse italienischer Lebensart und deshalb unersetzlich, man braucht bloß die Freunde zu fragen. Der Espresso in der Arbeitspause am Vormittag, »das ist der beste Augenblick des Tages«, sagt Franco. »Die Italiener leiden in Deutschland, wenn sie sich nicht zu einem schnellen Kaffee an den Tresen stellen können«, sagt Giusi. Und Costantino, der Heimatkundige, erinnert sich an die *grottini* in Rom, die Bars der Armen, in denen Wermut ausgeschenkt wurde, und an den *sifone*, den Schlauch, mit dem vor Zeiten aus der Gasflasche die Kohlensäure ins Mineralwasser geblasen wurde.

Die Zeiten haben sich geändert und mit ihnen die Bars, aber man findet sie noch immer überall. Es gibt sie in Schulen und Kasernen, in Krankenhäusern und im Parlament, im Bahnhof, bei Gericht, bei jedem Markt, in jeder Straße fast. Man kommt vorbei und riecht den intensiven Duft, man sieht das Wasser aus dem Hahn ins Becken rinnen, man hört das Fauchen der Espressomaschine und das Klappern des Geschirrs, und man hört zwei harte Schläge auf Gummi oder Holz – Italien.

Pompejis zweiter Untergang

Die Ruinenstadt soll vor Kunstraub, Korruption und Verrottung gerettet werden

Die Wächter von Pompeji führen Trillerpfeifen mit sich. Man bemerkt dies, wenn am Rande der Ruinenstadt auf einem Hügel hinter dick verwachsenem Gesträuch der Qualm eines Feuers aufsteigt. Gemächlich kommen zwei Aufseher herbei. Einer zieht die Trillerpfeife aus der Tasche, bläst hinein, und ruft: »Ist dort jemand?« Keine Antwort. Wahrscheinlich ein Bauer, meint der Kollege, denn dort oben liegen Felder. Der Qualm vermindert sich bald, so kann auf Verfolgung und Ermahnung des Missetäters verzichtet werden. Pompeji ist keine Stadt, in der man zu radikalen Maßnahmen neigt, auch wenn das Feuer einen Ort schädigt und gefährdet, wie es keinen zweiten gibt auf der Welt.

Pompeji ist, das weiß rund um den Globus jedes Kind, jene römische Stadt, die am 24. August des Jahres 79 bei einem Vulkanausbruch des Vesuv unter einer meterdicken Schicht aus Asche und Magmasteinchen begraben wurde. So wurde sie für die Nachwelt perfekt haltbar gemacht, doch die Nachwelt weiß dies nicht zu schätzen. Sie entzündet Feuerchen auf Hügeln, unter denen unausgegraben noch ein ganzes Drittel des alten Pompeji ruht, und sie sucht die übrigen zwei Drittel mit Tourismus heim. Am Forum etwa umstehen englische Menschen einen Fremdenführer im grünen Anorak, der im launigen Erzählfluß den Vulkanausbruch des Jahres 79 auf den Abend verlegt, um anmerken zu können, es hätten damals hoffentlich

90 Prozent der Pompejaner die Liebe gepflogen, ehe der Glutregen sie zum Meer trieb. England lacht.

Je nun, die Art des Umgangs mit der Geschichte ist jedem freigestellt, und in Pompeji hat man sich für die lässige Art entschieden. Doch die bekommt dem Städtchen nicht. Es ist in höchster Not, so hat im September 1997 alarmgestimmt der italienische Kulturminister Walter Veltroni erklärt. »Wenn wir nicht eingreifen, dann erlebt Pompeji einen zweiten Untergang.« Diesmal nicht durch eine Naturkatastrophe, sondern durch menschliche Schlamperei, Vandalismus und Tourismus im Exzeß.

Das Problem ist sichtbar. Wer nur ein paar Stunden über das großkopfige Pflaster der antiken Straßen von Pompeji schlendert, stößt immer wieder auf hellgraue Eisentüren oder Bretterbarrieren, die den Durchgang verbieten. 1998 waren nur zwölf Prozent der Gesamtfläche zugänglich gegenüber 36 Prozent in früheren Jahrzehnten, jenseits der Sperren erblickt man Ödnis und Niedergang. Gras wuchert zwischen Pflastersteinen, Gestrüpp und Geranke haben antike Steingebirge überwältigt, und Häusermauern, die einmal leuchtendes Rot getragen haben müssen, sind schutzlos in Regen und Sonne ergraut. In vielen Fällen würde ein schlichtes Dach schon helfen. Hier ist ein Mosaikfußboden zum Zustand der Verrottung unterwegs, dort ein Atrium in Schmutz verkommen.

Längs der Via di Nola, wo sich noch meterhoch erkaltete Vulkanasche türmt, sind die Ruinenhügel überwachsen von dornigem Rankenwerk und Sträuchern jeder Art. Und in bestimmten Quartieren, die längst ausgegraben aber seit einem Erdbeben im Jahre 1980 gesperrt sind, spreizen sich Bretter und Balken zwischen Häusern. Manche Wand steht bedenklich schief, die Stützhölzer indes erscheinen ebenso bedenklich morsch. An einer Stelle sind Balken gar gebrochen und zu Boden gefallen, aber die Mauer hält noch.

Wer da Abhilfe schaffen will, braucht viel Geld. Minister Veltroni hat errechnet, daß ein sachgerechter Eingriff mehr als umgerechnet fünfhundert Millionen DM kosten würde, laufende Ausgaben nicht gerechnet, dabei hat er für die immensen Kulturgüter ganz Italiens nur gut 360 Millionen im Jahr zur Verfügung. Und Pompeji ist bei weitem nicht alleine erhöhter Fürsorge bedürftig. Auch weltbekannte Denkmäler wie der Schiefe Turm zu Pisa oder die Arena von Verona sind in kritischem Zustand.

Italien besitzt als ein Stammland der Antike und der Renaissance vermutlich mehr archäologische und architektonische Kostbarkeiten als jede andere Nation der Erde, doch ist dieses einmalige Erbe eines einmaligen Genius in den vergangenen fünfzig Jahren desaströs verwaltet worden. Unfähigkeit, Klientelwirtschaft, Korruption und das ewige Kreisen der Politiker um Macht und Pfründe haben den Kulturgütern eine Mißachtung eingetragen, die sich jetzt rächt. Zehntausende Monumente sind schutzlos dem Wetter und dem aggressiven Umweltschmutz preisgegeben, archäologische Fundorte, Kirchen und Museen völlig unzureichend gesichert, so daß immer wieder Raubgräber und Diebe eindringen und Kunstwerke entwenden.

Pompeji, mit zwei Millionen Gästen im Jahr das meistbesuchte aller italienischen Touristenziele, ist für solche Mißstände ein Paradebeispiel. Die Alarmanlagen sind veraltet, die Beleuchtung unzureichend, erst Anfang 1997 haben Räuber im Schutz der Dunkelheit Grabsteine gestohlen und Einzelteile eines Stuckfreskos abgelöst, für die auf dem Schwarzmarkt hohe Preise zu erzielen sind. Zwei

Figuren, entstanden durch das Ausgießen von Hohlräumen in der Lavaasche und somit eindringliches Abbild zweier Menschen, die an jenem Unglückstag des Jahres 79 im giftigen Gluthauch umkamen, wurden von Vandalen ihrer Köpfe beraubt.

Es gibt den Verdacht, Diebe hätten heimliche Hilfe von Aufsehern gehabt. Es heißt, die 140 Wärter seien bestechlich und würden gegen Schmiergeld auch verschlossene Zonen öffnen. Und vor ein paar Jahren mußte sogar der damalige Leiter der Anlage, Baldassare Conticello, abdanken; ihn erwartet ein Prozeß wegen Verdachts betrügerischer Manipulationen. Höchst beunruhigend ist auch der Umstand, daß vor Jahren nahe der Denkmalsstätte illegal Wohngebäude errichtet wurden, vermutlich unter der Regie von Camorrabossen. Eine frühere Kommunalverwaltung wollte gar unweit des Amphitheaters eine Straße bauen, doch konnte dies verhindert werden.

Indessen hat Italien selbstverständlich auch reichlich Leute, die Pompeji unbedingt bewahren wollen. Pietro Giovanni Guzzo, der heutige Superintendent von Pompeji, ist ein solcher Mann. Seit 1995 versucht er umzusteuern. Er ließ die Alarmanlage erneuern und den Grasbewuchs zurückdrängen, auch Restaurierungsarbeiten sind im Gange, sichtbar etwa an einem Bogen auf dem Forum oder in der Casa dell'Ara Massima. In Kreisen ausländischer Archäologen, die in Pompeji arbeiten, findet es auch Anerkennung, daß Guzzo endlich verfügt hat, es dürfe nichts mehr ausgegraben werden, was nicht genauestens für die Nachwelt dokumentiert wird – eine Unterlassung, deren sich seit den ersten Raubgrabungen des Jahres 1748 auch Fachleute immer wieder schuldig gemacht haben. Die versäumte Dokumentation, Voraussetzung für jede Restaurierung, wird jetzt, soweit dies möglich ist, nachgeholt.

Kulturminister Veltroni tat dazu, was nur die Regierung leisten kann. Zum Beispiel führte er zwecks Geldbeschaffung ein neues Lottospiel ein und legte mit hohen Summen ein Sicherheitsprogramm für Museen und Monumente auf. Die Galleria Borghese in Rom, 14 Jahre lang geschlossen, hat er im Juni 1997 glanzvoll wiedereröffnet, andere Häuser folgten, und die Besucher strömten in hellen Scharen herbei. Für die Uffizien in Florenz verfügte Veltroni eine starke Ausweitung der Ausstellung. Die Gemäldegalerie ist inzwischen ganztägig bis 22 Uhr geöffnet, ebenso 15 weitere Museen der ersten Kategorie im ganzen Land. Pompeji gehörte erst einmal nicht dazu, weil es an Licht fehlte.

Doch Pompeji soll aufschließen. Zusammen mit anderen Einrichtungen seiner Art erhielt es 1998 finanzielle und administrative Selbständigkeit und muß nun nichts mehr abführen von den mehr als 16 Millionen DM Eintrittsgeldern. Dem Superintendenten als Chef der Einrichtung nimmt ein Verwaltungsleiter den Bürokratenkram ab. Und schon im Mai 1998, genau 250 Jahre nach dem Beginn der ersten Grabungen, konnten Superintendent und Kulturminister sechs frisch restaurierte Gebäude vorstellen und zwei neue Besucherstrecken eröffnen.

Das weiterhin fehlende Geld hofft man durch Sponsoring aufzubringen. Die Regierung hat italienische wie ausländische Unternehmen eingeladen, in Pompeji eine sogenannte *insula,* einen Wohnblock in einem Straßengeviert, gewissermaßen zu adoptieren und dessen Schutz, Untersuchung, Dokumentation und Restaurierung mit ein paar hunderttausend DM zu finanzieren. Zum Dank wird neben der *insula* ein Schild mit dem Namen des Spenders aufgestellt.

Die Nachwelt wird es zu würdigen wissen, wenn sie sich in der Via del Mercurio drängt, um eine junge Fremdenführerin über die Malereitechnik der alten Römer reden zu hören. Sieben Schichten von Asche und Putz haben sie aufeinandergelegt und zum Schluß die Farbe aufgetragen, das berühmte Rot von Pompeji zum Beispiel, das aus Zinnober oder Ziegenblut gewonnen wurde.

Im Haus der Vettii ist das Rot zu bestaunen. Es blaßt dahin und hat mal wieder Pflege nötig. In einem Raum sind Stützgerüste aufgebaut, die Decke des Atriums ist mit einem Maschendrahtnetz unterfangen. Abgebröckelte Teile der Betonstützen, die hier vor hundert Jahren als Dachträger eingebaut wurden, liegen darin. Es ist hier die Restaurierung der Restaurierung im Gange, um die Ruinen vor dem Ruin zu retten.

Die Baronin Courage

Allein gegen die Mafia: Eine kalabresische Adlige verteidigt ihren Olivenhain

Ihren Schmerz hat die Baronessa nicht gezeigt an jenem Tag, als sie ihren Feinden in die Augen sah. Unerschrocken erhob sie sich von ihrem Stuhl und ging hinüber zu einem jener Käfige, wie sie in italienischen Gerichtssälen für inhaftierte Angeklagte bereitstehen. Keifend umkrallten ihre Feinde die Gitterstäbe, stießen Drohungen und Verwünschungen aus. »Nutte«, schrien sie und »Bastardin«, und sie fuchtelten wie wild. Die Baronessa aber, auf dem schwarzen Kleid eine Perlenkette tragend, ging am Käfig vorbei und schaute ihnen schweigend ins Gesicht. Mehr als zwanzig waren es, die Herren Mammoliti unter ihnen, und alle saßen ihretwegen hinter diesen Gittern. »Ich habe ihnen die Genugtuung, mich weinen zu sehen, damals nicht gegeben«, sagt die Baronessa. »Ich weine zu Hause und nicht vor den Mördern meines Bruders.«

Den Bruder Antonio hat die Baronin Teresa Cordopatri dei Capece am 10. Juli 1991 verloren, morgens um halb zehn, und an diesem Tag, sagt sie, »bin auch ich gestorben«. Oft kam dieses Bild wieder vor ihr Auge, wie der Bruder vom Steuer seines Autos her über den Beifahrersitz nach vorne gekippt war. Die Zigarette, eben erst angesteckt, war ihm von der Lippe geglitten, aus dem Mund lief Blut. Gut erinnerlich ist der Baronessa ferner, daß der Krankenwagen, als er endlich eintraf, die Sirene ausgeschaltet hatte. Der Mord geschah in Reggio di Calabria, in der Via Gabriele D'Annunzio Nr. 9, vor der Haustür der Familie Cordopatri. Genauso, wie die Mafia es seit dreißig Jahren angedroht hatte.

Läßt man die drei Jahrzehnte Revue passieren im Spiegel dessen, was die Baronessa darüber erzählt, so drängt sich die Vorstellung auf, wie anders doch das Leben dieser 63 Jahre alten Frau hätte verlaufen können. Wäre ihr Martyrium der Drohungen und Übergriffe, wäre die Verarmung der Familie vermeidbar gewesen? Könnte der Bruder noch leben, könnte die Baronessa nachts in ihrer Wohnung bleiben, in Reggio ins Café gehen, am Samstag unbekümmert nach Capece fahren zu den Ölbäumen? Es könnte so sein, wenn die Geschichte Italiens in den vergangenen Jahrzehnten anders verlaufen wäre; wenn es einen Staat gegeben hätte, der die Mafia bekämpft und das Recht verteidigt, drunten in Kalabrien.

Kalabrien liegt dort, wo der Stiefel seine Spitze hat. Palmen säumen das Meer, wild ist das Bergland und fruchtbar die Ebene, mit Abertausenden von Ölbäumen besetzt. Reggio di Calabria mit seinen 180.000 Einwohnern ist keine schöne Stadt, von ein paar Ecken im Zentrum abgesehen. Planlose Bauwut hat sie in Zement getaucht, 22.000 Schwarzbauten sind amtlich festgestellt, die Arbeitslosenrate beträgt 32 Prozent. Fährt man hinaus nach Palmi, Gioia Tauro oder Taurianova, trifft man auf betonstarre Siedlungen von schmerzender Häßlichkeit. Jeder Regen bringt es an den Tag, daß die Daseinsvorsorge der Gemeinden oft nicht einmal bis zur Kanalisation reicht.

Dies ist das Land der *'ndrangheta,* der kalabresischen Mafia. Reggio und die umliegende Provinz stehen unter der Kuratel verschiedener Familienclans, die nach einschlägigen Untersuchungen in alle Sphären der Gesellschaft eingedrungen sind, ohne daß dies im Alltag allerorten spürbar wird.

Freilich wird fast allen Gewerbetreibenden ein Schutzgeld abgepreßt. Immer wieder zerfleischen sich die Clans im Kampf um Einflußzonen, allein in Reggio gab es von 1988 bis 1990 mehr als dreihundert Morde. Jener Fall aus Taurianova, als Killer einem feindlichen Boß den Kopf abschnitten, diesen in die Luft warfen und als Zielscheibe für ihre Pistolenkugeln benutzten, steht exemplarisch für die gängigen Praktiken purer Grausamkeit.

Viele Banden der *'ndrangheta* sind im internationalen Drogenhandel tätig, auch in Deutschland, die gigantischen Gewinne werden in Supermärkte oder Diskotheken, in den Fischhandel, Tourismus oder Bausektor investiert. Bosse treten auf als Unternehmer und reißen öffentliche Aufträge an sich. Längst ist die Mafia auch in Kalabrien eine Wirtschaftsmacht, verzweigt in ganz Italien, mit Fühlern nach Mitteleuropa, Kanada und Australien.

Daneben existiert die *'ndrangheta* im alten Stil fort, gibt es Clans wie die Familie Mammoliti in Capece, die nach wie vor die Kontrolle ihres Territoriums erstreben und Unterwerfung verlangen. Capece ist ein Dorf in der Ebene von Gioia Tauro, sechzig Kilometer nördlich von Reggio gelegen. Viele Tagelöhner gibt es hier, manche Häuser bleiben unsichtbar hinter hohen Mauern. Die Polizeistation der Carabinieri hat eine Kanzel aus schußsicherem Glas; ein starker Eisenzaun, drei Meter hoch, umgibt das Gebäude.

Seit mehr als tausend Jahren sind in Capece die Cordopatris ansässig, ein altes Geschlecht, das mit den Langobarden aus Schwaben kam, von den Karolingern geadelt und mit Feudalbesitz ausgestattet wurde. Mut und Treue sind die Traditionstugenden der Familie, und die mächtigen, zweihundert Jahre alten Ölbäume auf dem Besitz in Castellace sind der kleinen Teresa schon in Kindertagen vom Vater als »Zeugnis einer ruhmbeladenen Vergangenheit« beschrieben worden.

Sieht man den Adelsstolz im Auge der Baronessa und ihres Großneffen Giuseppe blitzen, und liest man in jenem Buch, das die Baronessa mit ihrer Cousine Angelica Rago Gallizzi über die Familie veröffentlicht hat, so begreift man, daß dieser Kampf gegen den Mafiaclan Mammoliti nicht nur der todesmutige Widerstand einer Frau gegen ihre Entrechtung ist. Es ist auch der Kampf der angestammten Herrschaft gegen die angemaßte. »Im Jahr 1963«, sagt die Baronessa, »hatten die Mammoliti überhaupt nichts.«

Die Mammoliti wurden reich, indem sie andere enteigneten. Wer in und um Capece Grund besaß, wurde genötigt, zum Spottpreis zu verkaufen. Sträubte sich ein Kandidat, so brannte sein Auto oder sein Haus, wurden seine Ölbäume gefällt. Manche Eigentümer bekamen Prügel, anderen schoß man sogar in die Beine. Bald darauf kam der Notar ins Haus, und fast alle beugten sich. Manchmal wurde die Kaufsumme mit Schecks beglichen, die einzulösen nicht ratsam war.

Den zwölf Hektar großen Olivenhain der Codopatri in seinen Besitz zu bringen, war für den Boss Saverio Mammoliti eine Prestigesache. Die Cordopatri aber sagten nein, immer wieder, keine Sekunde dachte der alte Baron Domenico Cordopatri, Teresas Vater, daran nachzugeben. Der Terror trat ins Leben der Familie, beginnend damit, daß 1963 ein Mammoliti vor den Augen des Barons dessen Oliven mit den Füßen zerstampfte.

Später blieben unversehens die Erntearbeiter

aus, und Bäume wurden gefällt. Ein Mann namens Francesco Ventrice, dem der alte Baron den Hain verpachtete, bekannte 1967 unter Tränen, er sei ein Strohmann der Mammoliti, die ihn bedrohten, und flehte um das Leben seiner Kinder. Ein Pächter eines anderen Terrains zahlte über Jahrzehnte seinen Zins nicht, Anzeigen blieben erfolglos. Antonio Cordopatri, der jüngere Bruder der Baronessa und Erbe des Grundes von Capece, geriet 1972 bei Capece in einen Hinterhalt. Man schoß auf ihn, doch er entkam und mied Capece fortan.

Die Olivenernte wurde von Unbekannten gestohlen. Das Landhaus auf dem Grundstück wurde ausgeplündert, selbst Familienfotos verschwanden. Eines Tages bestellte Saverio Mammoliti den jungen Baron zur Vorsprache in sein Haus, und der Boß saß dort zwischen jenen Möbeln, die aus dem Landhaus fortgeschleppt worden waren, alten Erbstücken mit dem Familienwappen der Cordopatris. 1990 kündigte der Pächter Ventrice den Pachtvertrag, kurz darauf teilte Frau Maria Rosa Mammoliti, die Schwester des Clanchefs, brieflich mit, sie habe seit 1979 von Ventrice einen Unterpachtvertrag.

Antonio Cordopatri erstattete wieder einmal Anzeige, wieder einmal vergebens. Die Drohungen nahmen zu. An einem Oktobernachmittag 1990 trat ein Mann mit schwarzer, struppiger Perücke, das Gesicht mit weißer Asche eingerieben, vor der Haustür auf den Baron und seine Schwester zu. Er gab mehrere Schüsse ab, wollte aber offenbar nicht treffen. Zu Weihnachten desselben Jahres riet eine Stimme am Telefon den Cordopatris, sie sollten tüchtig Süßigkeiten essen, dies sei ihr letztes Weihnachten. Danach wurden Chrysanthemen zugestellt, schwarze Trauerstreifen fanden sich am

Auto, seltsame Figuren fragten nach, ob Bedarf an Särgen sei.

Am 10. Juli 1991, gegen halb zehn Uhr, wurde Antonio Carlo Rizio Cordopatri dei Capece vor der eigenen Haustür mit drei Schüssen getötet, als er sein Auto hinausfahren wollte. Der Killer hatte seit Stunden gewartet, die Pistole in einer Plastiktüte verborgen. Er schoß auch auf Teresa Cordopatri, die schreiend herbeirannte, jedoch die Waffe klemmte. Der Mann wurde festgenommen und zu 25 Jahren Freiheitsstrafe verurteilt. Die Baronessa wollte an jenem Morgen mit dem Bruder zur Kirche fahren, zu einer Gebetsnovene für die Madonna vom Berge Karmel.

Glaube ist der Halt im Leben der Baronessa Cordopatri, Pflichtgefühl und Tradition sind ihre Leitlinien. Ihr Leben wäre der atemberaubende Stoff für ein Familienepos. Wir sehen die Taufe der Teresa Maria Rosaria Carmen Rachele Cordopatri dei Capece im Palast der Großeltern, sehen den versammelten Adel Italiens, den Majordomus im Ornat. Wir sehen das Kind, das sich in Capece gruselt, sehen die junge Frau, die nach England gehen will und verzichtet, weil die Mutter stirbt, der Vater eine Lähmung erleidet, die zwei jüngeren Brüder sie brauchen. Wir erleben, wie die Baronessa ihre *vita sentimentale*, die Liebe, hintanstellt.

Die Familie verarmt, weil die Einkünfte aus dem Olivenhain ausbleiben und die Krankheit des Vaters so teuer wird. Und mit dem Bruder Antonio stand die Baronessa am Ende am Totenbett des Vaters, der ihnen das Versprechen abnahm, niemals der Mafia den Olivenhain abzutreten. Wir sehen später, nach dem Tod des Bruders, die Baronessa erstarrt durch die 18-Zimmerwohnung gehen und schwören, sie werde den Namen der Familie verteidigen.

Die Baronessa erfährt in jenen Tagen nur wenig Beileid. Verwandte, Freunde und Bekannte haben sich längst abgewandt, wechseln den Bürgersteig und den Tisch in der Kaffeebar, wenn sie aufkreuzt, beim Friseur und in der Wäscherei wird es zunehmend ungemütlich. Nur die Cousine Angelica und ihr Sohn Giuseppe halten zu ihr und nehmen sie in ihre Wohnung auf, als zu Hause die Drohungen immer übler und die seltsamen Vorkommnisse immer seltsamer werden.

Teresa Cordopatri sagt umfassend aus und findet erstmals in Jahrzehnten Polizisten, Staatsanwälte und Richter, die Anlaß zum Handeln sehen, unter ihnen Salvatore Boemi, den späteren Leiter der Staatsanwaltschaft in Reggio di Calabria. Der Clan der Mammoliti wird samt seinen Führern inhaftiert und vor Gericht gestellt, 16 Angeklagte erhalten Freiheitsstrafen. Der ehemalige Pächter Ventrice begeht Selbstmord in der Nacht, bevor er aussagen soll, der Gerichtssaal ist überfüllt von feixenden Verwandten der Mammoliti. Im Prozeß erklärt die Baronessa, führende Politiker und Männer der Justiz in Reggio di Calabria, unter ihnen ein vormaliger christdemokratischer Minister, hätten sie und ihren Bruder zum Nachgeben gegenüber den Mammoliti bewegen wollen, desgleichen ein Cousin. Die Herren dementieren.

Im September 1994 erhält Teresa Cordopatri einen Amtsbescheid des Inhalts, daß ihr Haus gepfändet werde, um die Erbschaftssteuern einzutreiben, die sie als Erbin des Terrains von Capece und des Hauses in Reggio noch schuldig sei. Daraufhin kauft sie sich zum ersten Mal in ihrem Leben eine Jeans und beginnt vor dem Justizgebäude von Reggio di Calabria einen öffentlichen Hungerstreik.

Die Presse berichtet und nennt sie die *»Baronessa Coraggio«; coraggio* heißt Mut. Einfache Bürger, Pfadfinder und andere katholische Gruppen bekunden ihr Solidarität, ebenso soziale Initiativen, die Jugendliche von der Mafia abzubringen suchen und dafür ebenfalls Verfolgung erleiden. Der neue Bürgermeister, ein Linker, kommt vorbei. Das sogenannte bessere Reggio aber, »mein Ambiente, das Reggio, das zählt« und helfen könnte, wie die Baronessa sagt, es bleibt auch diesmal fern.

Dafür reisen Abgeordnete des Anti-Mafia-Ausschusses im Parlament aus Rom an, später auch der Innenminister. Die Steuerschuld wird gestundet, eine Untersuchung eingeleitet. Es ergibt sich, wie der Anti-Mafia-Ausschuß festhält, daß die Agrarbehörde, die den Bauern die Beihilfen des Staates und der Europäischen Gemeinschaft zuteilt, für die Olivenernte auf dem Land der Cordopatri in Capece bis 1994 widerrechtlich Zuschüsse an Frau Maria Rosa Mammoliti gezahlt hat, allein für die Jahre 1985 bis 1992 weit über 100.000 DM. Festgestellt wird ferner, daß mehrere Behörden über Jahre Einwendungen und Anzeigen der Familie Cordopatri mißachtet haben, daß Polizeichef und Präfekt von Reggio di Calabria weder informiert noch interessiert waren, daß Polizei- und Justizorgane hoffnungslos unterbesetzt sind. Dies ist es, das andere, das schreckliche, das schmerzende Italien.

Indes kommt Jahr für Jahr im Januar die Zeit der Olivenernte. Die Baronessa will die Früchte einbringen, denn sie braucht das Geld, doch findet sie erst einmal keine Helfer. 1996 stellt ihr die Regierung nach manchem Hin und Her drei Erntemaschinen zur Verfügung, und zusammen mit ihrer Cousine fährt Teresa Cordopatri dei Capece dann hinaus, um die Oliven zu ernten, begleitet von den

Leibwächtern, die ihr der Staat stellt, und die mit gezogener Pistole das Gelände sichern.

Eine Cordopatri gibt nicht auf. Die Mafia, sagt sie, »das sind in Wirklichkeit Kanalratten«, und ihre Stimme ist dabei ganz ruhig. »Die Mafia gewinnt, aber nur deshalb, weil die Leute Angst haben. Sie ist nicht stark, die Mafia, es sind die anderen, die sie stark machen.«

Fremdenführung in der Heimat

Palermos Schüler bekämpfen die Mafia, indem sie Denkmäler schützen

Nicht jeder Fremdenführer ist so begeistert bei der Sache wie Emanuele, und nicht jeder zeigt im Mienenspiel soviel Nachsicht, wenn die Fremden ihre Unkenntnis entblößen. Gelassen gibt er Antwort, deutet auf arabische Schriften an den Gewölben des alten Königspavillons und erläutert, was die Zeichen bedeuten. Ein Profi, kein Zweifel. Nur ist er erst zwölf Jahre alt und trägt eine Pfadfinderuniform, auf dem Rücken baumelt sein Hut. Emanuele ist einer der rund 10.000 Schüler, die in Palermo an einem einzigartigen sozialen Projekt mitwirken. »Denkmalschutz gegen die Mafia«, lautet die Devise, und nicht zufällig gipfelt die Aktion jedes Jahr in einer Veranstaltungsserie rund um den 23. Mai. Der 23. Mai 1992 war der Tag, an dem ein Mafiakommando mit einer Bombe einen Erzfeind tötete, den Staatsanwalt Giovanni Falcone. Zwei Monate später, am 19. Juli, wurde sein Kollege Paolo Borsellino ebenfalls ermordet. Die Attentate lösten in Palermo erstmals in Jahrzehnten Massendemonstrationen aus, Bürgerinitiativen entstanden und formierten sich mit verschiedenen Vereinen zu einem Dachverband namens *Palermo Anno Uno* (Palermo Jahr eins), der im ganzen mehr als sechzig Gruppen zählt.

Im Sinne der Ermordeten wollten diese Freiwilligen nicht nur den Kampf der Justiz gegen das Organisierte Verbrechen unterstützen, sondern ihn auch in die Tiefen der Gesellschaft tragen, um der

Mafia langfristig ihr soziales Ambiente zu nehmen. »Die Mafia besiegt man durch Schullehrer«, sagt Manlio Condello, ein Aktivist des Verbandes, selbst Lehrer von Beruf. Es geht um die kommenden Generationen. Gemeinsam mit dem als Mafiagegner bekannten Bürgermeister Leoluca Orlando wurde ein Konzept entwickelt, nach welchem rund 150 Schulen in einem Akt der Adoption rund 160 Baudenkmäler in Pflege nehmen, die dem Verfall preisgegeben waren.

Bis heute finden sich in der Hauptstadt Siziliens Trümmer aus dem Zweiten Weltkrieg. Manche Kirche ist schon ewig versperrt, mancher prachtvolle Palazzo vom Besitzer aufgegeben, weil es an Geld fehlte und weil Jahrzehnte politischer Mißwirtschaft im Dunstkreis der Mafia und ihrer Bauspekulation alle Initiative erstickt hatten. Diebe plünderten, was zu plündern war, auf Treppen wächst Gras, sizilianischer Fatalismus lugt aus allen Ritzen. »Palermo«, sagt altklug unser Fremdenführer Emanuele, »ist das Waisenkind der Palermitaner.« Dagegen ein Signal des Gemeinsinns zu setzen, ist das Ziel der Aktion »Palermo öffnet die Tore«. Als die Schüler 1995 erstmals ihre Denkmäler präsentierten, kamen rund 150.000 Menschen und waren hingerissen vom Enthusiasmus der Jungen und Mädchen, die auch das Jahr über an manchen Wochenenden Besucher empfangen. Sie säubern ihre Kirchen, Häuser und Türme, erforschen die Geschichte der Monumente, schreiben sie auf, fertigen Zeichnungen und warten, etwa im früheren königlichen Armenhaus, mit einer Ausstellung auf, die Schautafeln, Dias, Kartenwerke und Gipsfiguren zeigt. Der zwölfjährige Stefano erzählt dazu die Geschichte vom armen Fürsten von Palagonia, den seine Frau betrog.

Mit Mafia hat all dies insofern zu tun, als den Verbrecherclans die eisern angestrebte Kontrolle des Territoriums im jeweiligen Bezirk immerhin für das Gebiet eines Denkmals entwunden wird, eine Prinzipienfrage. Zudem erleben die Kinder, indem sie sich der Geschichte ihrer Heimat bemächtigen und damit schöpferisch umgehen, eine Alternative zu Egoismus und Passivität, die sie für Mafiaidole empfänglich machen könnten. Legalität wird gegen Lethargie gesetzt, es reift in ihnen der Stolz auf ihre Stadt. Eltern und Verwandte nehmen daran Anteil, und auch das ist bezweckt. Daß zudem Touristen anreisten, half, der Angelegenheit auch eine wirtschaftliche Seite anzufügen.

Wenn Hotels, Restaurants und andere Geschäfte am Zustrom der Fremden verdienen, könnte auch dies langfristig gegen die Mafia wirken, denn deren Nährboden sind nicht zuletzt Unterentwicklung und hohe Arbeitslosigkeit. Die italienische Fluggesellschaft Alitalia offerierte befristet Verbilligungen für Palermo-Reisende, in Hotels zahlten Paare nur den Einzelzimmerpreis, selbst Taxifahrer gewährten Nachlaß während der Denkmalschutz-Tage im Mai. Und es kommen Jahr für Jahr jeweils über 100.000 Besucher zu den Denkmälern, Palermitaner eingeschlossen, ähnlich wie in Neapel, wo die Aktion »Neapel öffnet seine Pforten« ebenfalls im späten Frühling zum Publikumsmagneten geworden ist. In beiden Städten bietet gerade für die Einheimischen die Fremdenführung in der eigenen Heimatstadt oft unerwartete Überraschungen.

Ob sich die Hoffnungen der Veranstalter langfristig erfüllen, kann auch Nino Labello, der Sprecher des Verbandes *Palermo Anno Uno*, nicht prophezeien. »Die Mafia ist ein menschliches Phänomen«, sagt er nur, einen Satz des ermordeten Staatsanwalts Falcone zitierend. »Sie hat einen Anfang und ein Ende.«

Stiller Hang zum Hokuspokus

Viele Scharlatane verdienen bestens am Aberglauben

Ein Zauberritual verlangt, man ahnte es, nach Dunkelheit und Kerzenschein. Und würde man nur glauben, daß es den »bösen Blick« tatsächlich gibt und daß Otelma, der Göttliche, ihn bannen kann, man müßte andachtsvoll erschauern jetzt. Otelma ist angetan mit einem schwarzen, priesterlichen Kleid, dem ein rätselhaftes Goldmuster eingewirkt ist. Seine goldene Kopfbedeckung hat etwas von Cäsarenlorbeer an sich. Gravitätisch hebt er die linke Hand, so daß der Ring am Daumen und die Armreifen am Handgelenk in den Blick rücken. »Mögen die Sterne mit dir sein und dir beistehen«, grüßt der Meister.

Die Zeremonie, die gleich beginnt, soll die Verwundbarkeit für den bösen Blick und überhaupt alle negativen Einflüsse aus dem Leben des Probanden bannen. Otelma nimmt eine grüne Kerze, ein frisches Ei und eine große Nadel und vollführt damit ein kompliziertes Ritual. Sieben Minuten dauert die Unterweisung, gemessen erläutert der Meister, was er tut.

Man müßte ihm glauben können, wollte man einer solchen Szene Ernst und Bedeutung abgewinnen. Viele Italiener glauben, Magie in tausend Varianten hat hohe Konjunktur im Land. Otelma ist nur einer von vielen tausend Hexenmeistern, freilich der bekannteste. Forscher meinen zwar, die Italiener seien dem Okkulten und Obskuren nicht heftiger zugetan als andere Europäer, der Augenschein indes kann zu anderer Annahme verleiten. Man braucht nur die Zeitung oder das Telefonbuch aufzuschlagen, man braucht nur fernzusehen oder durch Rom zu laufen, um allenthalben auf Aberglauben, Hokuspokus und Hexerei zu stoßen.

Italien pflegt keine seiner Bizarrerien zu verstecken, und eine davon tritt jedes Jahr besonders zu Silvester unverbrämt zutage. Mag anderswo das Horoskop zum neuen Jahr die Schmuddelblätter füllen, in Mailand gibt sich damit auch die seriöse Wirtschaftszeitung *Il Sole – 24 ore* ab. Zwischen Steuerkalendarium und Exportnotizen ist eine ganze Seite zu bestaunen, die vom »Jahr der 13 Monde« handelt und ohne alle Ironie den Stand der Sterne auf den Dollarkurs, die Börse und die Konjunktur für Schuhe umlegt. Und die linke Zeitung *La Repubblica* hat einem Seher zwei Seiten eingeräumt, damit er Politikern das Horoskop stelle, keineswegs satirisch.

Auch anderer Aberglaube scheint in den Gazetten auf. So wurde von einem Advokaten aus der Stadt Roseto in den Abruzzen berichtet, den ein Nachbar hartnäckig als Unglücksbringer ansah. Um sich zu schützen, pflegte der Nachbar in seiner Gegenwart jene Beschwörungsgesten zu vollführen, die in Italien jedes Kind kennt: Man faßt an Eisen oder ein Stück Horn, das man bei sich trägt; man kreuzt den Zeige- und den Mittelfinger; man streckt den Zeigefinger und den kleinen Finger so ab, daß die Hand eine Art Gehörn nachahmt und hält diese blitzableitend gegen die Erde. Selbst namhafte Politiker wie den früheren Staatspräsidenten Giovanni Leone hat man öffentlich mit gespreizten Fingern gesehen. Den Advokaten aus den Abruzzen aber brachte das Getue seines Nachbarn und das Geschwätz der Leute so in Rage, daß er den Nachbarn wegen Beleidigung und Verleumdung bei Gericht anzeigte.

Rotgefärbte Hörner, Amulette oder Glücksbringer werden im Fachhandel sortimentsweise offeriert. Wer's glaubt, greift zu, um etwa gegen *malocchio* gefeit zu sein, den bösen Blick oder allgemein jede Art von negativem Einfluß, der von bestimmten Menschen, Tieren oder Gegenständen ausgehen soll. Derlei Legenden rühren aus dem Mittelalter, desgleichen jene Volksweisheiten, die sich mit manchem Mißgeschick und manchem Tier verbinden.

Wie anderswo gilt auch in Italien die schwarze Katze als Bote aufziehenden Unheils. Salz oder Öl verschütten, unter einer Leiter durchgehen, einen Spiegel zerbrechen, zu dreizehnt an einem Tische sitzen, am 17. auf Reisen gehen – auch das verheißt nichts Gutes. Der Vorrat an Verhängnissen scheint unendlich, ein ganzes Buch könnte man schreiben über die Spielarten des Aberglaubens in Italien.

Alfonso M. Di Nola, Professor für Religionsgeschichte und Kulturanthroposophie in Rom, hat dies getan. Er ortet indes Anfälligkeit für magische Phänomene nicht nur in Italien, sondern auch in Frankreich, Deutschland und der Schweiz. Und er unterscheidet zwischen bäuerlichem Hexenglauben, der auf dem Land die Jahrhunderte überdauert hat, und dem neuerdings beobachteten stürmischen Auftrieb, den die Magie in den Städten nimmt.

Dort sind nicht nur die Buchläden gelegen, in denen die Nebel der Esoterik niedergehen. Dort finden sich auch die Schnellimbisse der Hexerei. Im Zentrum von Rom etwa suche man die Kolonnaden auf, die an der Via del Corso neben dem Amtssitz des Ministerpräsidenten liegen. Auf Klapphockern sitzen dort nachmittags und abends stets ein paar

Frauen und Männer vor Klapptischen, auf denen Seidentücher ausgebreitet sind.

Ein junger Mann mit Stoppelbart, den Mantelkragen hochgeschlagen, hat vor sich Tarotkarten ausgelegt, in einem ausgefransten Pappbecher flackert eine Kerze. Der Mann gibt Auskunft über Liebe, Freundschaft und Beruf, für zwanzig DM darf man neun Karten ziehen. Er fragt nach Sternzeichen und schaut mißtrauisch drein. Wahrscheinlich riecht er es, wenn jemand Karten legen läßt, der nicht dran glaubt und zudem wissen will, ob Silvio Berlusconi wieder Regierungschef werde oder nicht. »Berlusconis politisches Abenteuer ist beendet«, kommt es aus dem Mantelkragen. Nebenan liest eine Frau jemandem aus der Hand.

Mago respektive *maga* nennt man in Italien den Mann und die Frau, die Karten legen, Handlinien deuten, hellsehen, Beschwörungsriten zelebrieren, Kranke heilen oder auf andere Art angeblich übernatürliche Kräfte walten lassen. Nicht weniger als rund 150.000 solcher *maghi* oder »Ausübende der Parapsychologie und der Esoterik« sollen im Lande tätig sein. Dies jedenfalls behauptet ein Verband, der sich *Astrologisch-Okkultistische Gesellschafts-Union* nennt und der katholisch orientierten Gewerkschaft CISL angehört.

Genaue Zahlen sind schwer zu eruieren. Man braucht deshalb Berechnungen, wonach jeder fünfte Italiener einmal im Jahr einen *mago* aufsuche, nicht auf die Goldwaage zu legen. Aber soviel scheint gesichert: In dem Land, in dem Ereignisse wie das Blutwunder von Neapel, jene alljährlich mehrfach statthabende Verflüssigung des Blutes des heiligen Gennaro, als Tatsache betrachtet werden, gibt es offenkundig auch große Aufnahmebereitschaft für Übersinnliches von außerhalb der Kirche. Nach einer Umfrage halten nicht weniger als 72 Prozent der Italiener ihre Mitbürger für sehr oder ziemlich abergläubisch, freilich in weit geringerem Maße sich selber.

Manchen treibt der Geisterglaube in Wahn und Unglück. Bei Macerata in den Marken ließ sich ein Bauernpaar von einer *maga* einreden, durch eine Hexerei zum Tod verdammt zu sein. Die beiden schlossen sich samt Vieh vier Monate im Stall ein, ließen alle Arbeit liegen, zahlten keine Rechnungen mehr, bewaffneten sich und waren verlaust und verdreckt, als die Polizei sie fand. Bei Trapani auf Sizilien starb 1995 ein 27jähriger Fischer durch einen Zaubertrank, der ihm gegen den bösen Blick verabreicht worden war. Und im kalabresischen Polistena wurde ein zweimonatiges Baby von seinen Eltern, Tagelöhnern, totgeschlagen. Ein Verwandter hatte ihnen weisgemacht, das Kind sei vom Teufel besessen, durch Schläge könne dieser ausgetrieben werden.

Solche Vorkommnisse bringen immer wieder Hexer ins Gefängnis. Dabei geht es auch um Betrug, Wucher, Erpressung oder Vergewaltigung. Und immer wieder müssen Menschen ihr blindes Zutrauen zur Zauberei teuer bezahlen, wie jener Mann aus Latina bei Rom, dem die Frau durchgebrannt war. Zwei *maghi,* die ihm die Abspenstige wieder geneigt machen sollten, knöpften ihm ratenweise nicht weniger als 180.000 DM ab, geholfen hat es nicht.

Es gibt reichlich Scharlatane unter denen, die sich *mago* nennen, das sagt sogar Otelma, der Göttliche, und der sollte es wissen. Der Genuese, der im bürgerlichen Leben Marco Belelli heißt und einen Doktor- und einen Grafentitel führt, ist nämlich Präsident des Italienischen und des Europäischen

Okkultisten-Ordens. Göttlich nennt er sich, weil er sich selbst wie alle Menschen als Teil des Göttlichen ansieht. Und Belelli sagt, von den *maghi* in Italien seien neunzig Prozent Betrüger.

Das hieße immerhin, daß die restlichen zehn Prozent tatsächlich über Zauberkraft verfügen. Otelma ist selbstredend einer von ihnen, er kann rasch ungehalten werden, wenn man Zweifel am Können der *maghi* äußert und die Einwände von Medizinern oder Theologen ausbreitet: daß Zufallstreffer, Autosuggestion und Placeboeffekte manches vermeintliche Wunder ganz rational erklären und daß unsichere Menschen sich von Prophezeiungen anstacheln lassen, die Vorhersage zwanghaft wahr werden zu lassen.

»Hier sind die Fakten«, entgegnet Belelli unwirsch beim Gespräch in einem römischen Hotel und kramt aus einer Plastiktüte zwei fotokopierte Briefe von 1988/89. Die Verfasserinnen danken überschwenglich für Hilfe bei der Führerscheinprüfung und Heilung von einer Halswirbel-Arthrose. Otelmas Kundschaft ist zahlreich, er hat nach eigenen Worten Büros in Genua, Turin, Mailand, Rom und Paris. Bekanntgeworden ist er durch Auftritte im Fernsehen, wo er sich im weißen Zeremonialgewand zeigte, auf dem Kopf ein silbernes Gerät, das einer Bischofsmütze ähnelte. Zur Jahreswende pflegt er wie der Papst den Segen »Urbi et Orbi« zu sprechen.

Die Kirche steht den Hexern feindlich gegenüber. »Sich der Magie hinzugeben ist dasselbe, wie sich der Prostitution auszuliefern«, erklärten die Bischöfe der Toskana. Und auch der Katechismus verwirft alle Formen der Wahrsagerei, Magie und Zauberei, selbstredend auch das Treiben von Satanssekten, das vor Jahren in Turin großes Aufsehen erregte. Indes mag aufgeklärten Geistern die Grenze zwischen Kirchenglauben und Magie mitunter fließend erscheinen, wenn etwa im Fernsehen Teufelsaustreibungen vorgeführt werden und priesterliche Exorzisten nebst Exorzierten von ihren grausigen Erlebnissen berichten.

Im ganzen aber ist vermutlich die Abkehr von der Religion einer der Gründe dafür, daß der Zauberglaube um sich greift und die Geschäfte der Hexer in Italien so üppig gedeihen. Mutmaßungen über einen Jahresumsatz von umgerechnet 1,5 Milliarden DM setzen womöglich zu tief an.

Jedenfalls ist es nicht billig, bei Otelma, dem Göttlichen, um Rat einzukommen. Zweihundert DM kostet eine Konsulenz per Brief, Fax oder Telefon. Hausbesuche sind weit teurer, für Auftritte in Diskotheken oder Ballsälen gelten Tarife von tausend DM je Stunde. Belelli verkauft auch Bücher für dreihundert DM und Amulette für 210 DM, zudem hat er dreißigtausend Videokassetten zum Preis von dreißig DM vertrieben, auf denen zwei Zauberzeremonien für den Hausgebrauch vorgeführt werden. Die eine – siehe oben – soll negative Einflüsse bannen, die andere geliebte Personen geneigt machen. Auch jenes »magische Liebesritual« verlangt, man ahnte es, nach Dunkelheit und Kerzenschein, nach einer Zitrone und einer großen Nadel sowie dem Bild der geliebten Person …

Dran glauben müßte man – und nicht alle Italiener tun es. Der Schriftsteller Luciano de Cresczenzo, gefeit durch die Beschäftigung mit griechischer Philosophie, ist zum Beispiel überzeugt, daß das Unglück vor allem von einem kommt – vom Aberglauben.

Nachsatz

Die in diesem Buch veröffentlichten Texte sind in den Jahren 1995 bis 1998 als Korrespondentenberichte für die *Süddeutsche Zeitung* entstanden. Kein Korrespondent arbeitet für sich allein im freien Raum, sondern in stetiger Fühlungnahme mit den zuständigen Kollegen der Zentralredaktion. Sie sind es, mit denen er seine Projekte vorab diskutiert, sie schlagen ihrerseits Themen vor, bestimmen die Länge der Beiträge, redigieren die angelieferten Texte, versehen sie mit Überschriften und heben sie samt Fotos und Grafiken ins Blatt.

Im vorliegenden Fall sind die meisten Artikel für die Seite Drei der *Süddeutschen Zeitung* recherchiert und geschrieben worden. Die bis Ende 1998 in diesem Ressort tätigen Kollegen Giovanni di Lorenzo, Andrea Bachstein und Reymer Klüver haben also ihren Anteil daran. Einige andere Beiträge erschienen in der Wochenendbeilage, betreut vom Kollegen Achim Zons. Ihnen allen danke ich sehr herzlich für die produktive und freundschaftliche Zusammenarbeit. Für die Publikation in diesem Buch habe ich die meisten Texte leicht überarbeitet und aktualisiert oder allzu aktueller Anspielungen entkleidet.